Hans Schemann

„… Wo das Land aufhört und das Meer beginnt …"

Portugal und die Portugiesen

Hans Schemann

„… *Wo das Land aufhört und das Meer beginnt …*"

PORTUGAL UND DIE PORTUGIESEN

Ein Essay

Wissenschaftliche Buchgesellschaft
Darmstadt

Einbandgestaltung: Neil McBeath, Stuttgart.

Einbandbild: © Karl-Heinz Raach, Freiburg.

Die Deutsche Bibliothek – CIP-Einheitsaufnahme

Schemann, Hans:
„... Wo das Land aufhört und das Meer beginnt ...":
Portugal und die Portugiesen; ein Essay /
Hans Schemann. – Darmstadt: Wiss. Buchges., 1993
ISBN 3-534-12137-6

Bestellnummer 12137-6

© 1993 by Wissenschaftliche Buchgesellschaft, Darmstadt
Gedruckt auf säurefreiem und alterungsbeständigem Werkdruckpapier
Satz: Setzerei Gutowski, Weiterstadt
Druck und Einband: Wissenschaftliche Buchgesellschaft, Darmstadt
Printed in Germany
Schrift: Linotype Times, 9.5/11
Fotos: Karl-Heinz Raach, Freiburg

ISBN 3-534-12137-6

Für Luiza

INHALT

Alles kracht in den Fugen und schwankt.
Die Luft erzittert vor Vergleichen.
Kein Wort ist besser als das andere.
Die Erde dröhnt vor Metaphern.
(OSSIP MANDELSTAM)

ein Dröhnen: es ist
die Wahrheit selbst
unter die Menschen
getreten,
mitten ins
Metapherngestöber.
(PAUL CELAN)

Je ne voy le tout de rien: ne font pas ceux
qui nous promettent de le faire veoir.
(MICHEL DE MONTAIGNE)

PÁTRIA

Soube a definição na minha infáncia.
Mas o tempo apagou
as linhas que no mapa da memória
a mestra palmatória
desenhou.

Hoje
sei apenas gostar
duma nesga de terra
debruada de mar.
(MIGUEL TORGA, Portugal)

VATERLAND

In meiner Kindheit kannte ich die Definition.
Aber die Zeit hat
die auf der Tafel des Gedächtnisses
eingepaukten Linien
gelöscht.

Heute
spricht mich nichts mehr an
als ein Fleckchen Erde
umspült vom Meer.

VORWORT

Angesichts der Mode der „Volksporträts" wies der Romanist Fritz Schalk vor einigen Jahrzehnten auf die Gefahren hin, die mit der Fixierung solcher Porträts gegeben seien: man glaubt, ein Volk damit in der Hand, „abgehandelt" zu haben. Max Frisch hat den unseligen Folgen solcher vorgefaßten Meinungen einen großen Teil seines Werks gewidmet.[1] In der Wissenschaft ist man, skeptischer geworden, seitdem andere Wege gegangen und ins entgegengesetzte Extrem geraten: man widmet sich Detailstudien, bei denen das Übergreifende ausgeklammert wird; Gesamtporträts überläßt man Journalisten, Essayisten, Reisenden.

Dieser Essay will kein Gemälde des „Dauerportugiesen" geben. Ursache und Ziel der Darstellung bestimmen ihre geistige und zeitliche Reichweite. Dazu einige Überlegungen:

Allen Detailstudien liegt ausgesprochen oder unausgesprochen eine Gesamtvorstellung zugrunde. Schon in der Wahl der Untersuchungsthemen und der methodologischen Ansätze ist diese Vorstellung enthalten. So wie die übrigen Wissenschaften Gesamtvorstellungen und Modelle, in die sie ihre Detailstudien integrieren, ständig abwandeln, Gesamtentwürfe und Modelle als solche aber fordern und brauchen, so braucht auch die Analyse der Sozialstruktur eines Landes immer wieder Gesamtentwürfe – vorwissenschaftlicher und wissenschaftlicher Art. Sie sind anhand von Einzelstudien zu verifizieren oder zu falsifizieren. In diesem Sinn ist auch dieser Essay ein Entwurf, der zu intensiven Einzelstudien über Portugal und damit zu seiner Verifizierung ermuntern möchte.

In Deutschland weiß man von Portugal trotz der revolutionären und nachrevolutionären Ereignisse und trotz Portugals Beitritt zur Europäischen Gemeinschaft immer noch sehr wenig. Die politischen Entscheidungen Portugals werden in ihrer Motivierung und in ihrer Tragweite weitgehend übersehen. Die Diskussionen in Portugal einerseits und in den übrigen Ländern andererseits werden auch heute noch weitgehend „parallel" geführt: ohne kontinuierlichen fruchtbaren Austausch der Gedanken. Zudem beschränkt sich hüben wie drüben die breite Diskussion zu sehr auf die politisch-technische und wirtschaftliche Ebene; die religiöse, kulturelle, soziale Dimension kommt nur unzureichend in den Blick. Der Essay sucht für diese Dimensionen die Augen ein wenig zu öffnen, in der Meinungsbildung eine breitere Brücke zu schlagen zwischen Portugal und Deutschland und damit einen Beitrag zu leisten zur Überwindung einer Abseitsstellung, aus der Portugal nur mit Mühe herausfindet.

Kunst, Literatur, Geschichte und Sozialstruktur Portugals sind in Deutschland nur einer kleinen Zahl von Portugalliebhabern und Spezialisten bekannt. In der breiteren Öffentlichkeit wird das Portugalbild beherrscht von den Fakten und Maßstäben, die die Medien liefern. Die Perspektive ist dabei fast immer die deutsche, die mitteleuropäische. Portugal ist aber von Beginn seiner Geschichte an ein Randland Europas und bildet spätestens seit dem Entdeckungszeitalter – in dem es seine neuzeitliche Physiognomie entwickelte – eine Brücke zwischen Europa und anderen Kontinenten. Ethnisch, historisch, kulturell sind zum Verständnis dieses Landes nur Maßstäbe angemessen, die dieser Mittlerstellung Rechnung tragen. Der Essay sucht daher gerade für die nicht-mittel-europäischen Züge des portugiesischen Lebens Interesse zu wecken.

Um der Gefahr eines fixen Bildes zu entgehen, laufen gleichsam quer zum Text des Essays Zitate und breitere Stellungnahmen bekannter portugiesischer Dichter, Essayisten, Literaturwissenschaftler, Soziologen und Wirtschaftswissenschaftler. Die in den einzelnen Kapiteln skizzierte Auffassung von Portugal wird durch diese Einblendungen ständig perspektivisch variiert, so daß als Gesamteindruck, so hoffe ich, kein festes Bild entsteht, sondern ein Geflecht von Lichtkegeln, hinter denen oder durch die so etwas wie ein geistiger Quell durchscheint.

In Europa ist Portugal vielleicht heute noch das Land, das – bei allen Unterschieden – die Probleme der sog. Entwicklungsländer am deutlichsten spiegelt.[2] In diesem Sinn ist die historische Entwicklung dort auch paradigmatisch: für Leistung und Versagen der portugiesischen, dann aber auch für Leistung und Versagen der nicht-portugiesischen Politiker und Völker; für Leistung und Versagen nicht zuletzt der heute zur Diskussion stehenden politisch-soziologischen Modelle.

Wie so viele Völker der Entwicklungsländer steckt das portugiesische „Volk" – das heißt: jene breiten Bevölkerungsschichten, die bis vor wenigen Jahren von der Moderne so gut wie ausgeschlossen blieben – im Übergang vom Mittelalter zur Neuzeit,[3] tut jenen Schritt, den Mittel- und Westeuropa im Zeitalter der Renaissance vollzogen haben. Ein portugiesischer Bauer lebte zur Zeit der Revolution – und lebt an nicht wenigen Orten noch heute – wie vor Hunderten von

Jahren. Die Änderungen in allen Lebensbereichen, die mit dem Übergang in die Moderne verbunden sind, können für alle wissenschaftlichen Disziplinen aufschlußreich sein. Wie sich immer deutlicher zeigt,
lassen sich die Schwierigkeiten der sog. Dritten Welt – und damit die
Schwierigkeiten aller Länder – nicht mit wirtschaftlich-technischen
Hilfeleistungen allein lösen, so wichtig diese auch sind – von ideologisch, politisch, wirtschaftlich begründeten Verzerrungen und Ungerechtigkeiten ganz zu schweigen. Dieser Essay möchte daher durch
die Betonung der nicht-wirtschaftlichen Faktoren das Blickfeld erwei-
tern und das Bewußtsein dafür schärfen, daß die hochindustrialisierten Länder zwar leitend sind in wirtschaftlich-technischen Fragen, jedoch zur Überwindung der Probleme unserer Epoche ein Geben und
Nehmen *aller* betroffenen Länder auf der Ebene eines gleichwertigen
Erfahrungsschatzes und einer gleichberechtigten Diskussion geboten
ist. Im Klartext bedeutet das: wenn heute bestimmte Länder das
Sagen haben, heißt das nicht, daß die übrigen nicht in manchen Bereichen einen ebenso wichtigen – wenn nicht gar wichtigeren – Beitrag
leisten könnten zur Herausbildung eines zeitgemäßen gemeineuropäi-
schen Lebensstils, in dem über Technik, Wirtschaft und Politik die humane Basis nicht verlorengeht. Gerade die Iberoromania, mit ihrer
überaus dichten und fruchtbaren Geistesgeschichte, ist hier gefragt.[4]
    Mit jedem Schritt, den Portugal in die Moderne tut, ändert es sich.
Und es hat sich – trotz seiner konservativen Grundstruktur – in den
letzten anderthalb Jahrzehnten bereits mit einer Geschwindigkeit verändert, die vielen Portugiesen und Nichtportugiesen geradezu Angst
macht. Das Portugalbild, das in diesem Essay gezeichnet wird, ist das
Bild eines Landes „auf der Scheitellinie".
    Wenn ein Gesamtgemälde eines Landes wie Portugal stärkeren An-
spruch erlebt, repräsentativ zu sein als entsprechende Versuche etwa
über Deutschland[5], dann u. a. aus folgenden Gründen:
    Portugal, die älteste Nation Europas, hat seit vielen Hunderten von
Jahren seine Grenzen sozusagen nicht verändert.
    Die inneren Umschichtungen waren besonders im letzten Jahrhun-
dert im Vergleich zu Mitteleuropa minimal. Am Ersten Weltkrieg
nahm Portugal nur kursorisch, am Zweiten gar nicht teil; die Indu-
strialisierungswelle ist noch jung. Erst in den letzten Jahren konnte
man spürbar Fluktuationen beobachten;
    das Land ist klein; die Gegensätze zwischen den einzelnen Pro-
vinzen sind ungleich schwächer als beispielsweise in Deutschland oder
in Frankreich. Eine Charakteristik Bayerns ist leichter zu wagen als
eine Deutschlands; ähnliches gilt für Portugal.

Trotzdem sollen die Warnungen vor Klischees eines Fritz Schalk oder eines Max Frisch nicht überhört werden und die folgenden Ausführungen Anregungen sein zu weiteren Auseinandersetzungen mit einem äußerst gewinnenden, alten und doch noch sehr unzureichend erschlossenen Kulturland Europas.

Abb. 1: Praça de Comércio, Lissabon.

Abb. 2: Lissabon.

Abb. 3: Porto.

Abb. 4: Porto.

Abb. 5: Fischer bei Torreira, Beira Litoral.

Abb. 6: Küste bei Apúlia.

Abb. 7: Ponta da Piedade.
Abb. 8: Küste bei São Rafael, Algarve.

DER GESAMTEINDRUCK VOM LAND UND SEINEN BEWOHNERN

Der Portugiese bildet innerhalb der indoeuropäischen Völkergruppe einen ausgeprägten eigenen Typ. Er ist sentimental, idealistisch, galant, Abenteuern zugetan und reisefreudig wie der Priester Johan, wie Fernão Mendes, wie der Infant Dom Pedro, wie Camões[6]. Er ist genügsam und zäh. Er hat die gesellige und fruchtbare Gabe, zu lieben und sich beliebt zu machen, und ungewöhnlich ist die Leichtigkeit, mit der er sich an jedes biologische und gesellschaftliche Milieu anpaßt, ebenso wie die ungeheure Kraft, mit der er dem Hunger, den Strapazen und allen Entbehrungen des Lebens, allen Widerwärtigkeiten der Natur trotzt. Im übrigen neigt er zur Widerspenstigkeit, ist leichtsinnig, verschwenderisch, flatterhaft und unbeständig.

(RAMALHO ORTIGÃO, *Últimas Farpas. A Raça*)

Von allen Völkern Europas haben wir anderen Rassen oder anderen Nationen gegenüber am wenigsten Haß.

(FERNANDO PESSOA,
Sobre Portugal. Introdução ao Problema nacional)

In Portugal gibt es zwei durch ihre Kraft und ihre Ausdehnung große Dinge: Trás-os-Montes und Alentejo. Trás-os-Montes, das ist der ungestüme Schwung, die Umwälzung; Alentejo, die Weite des Atems.

(MIGUEL TORGA, *Portugal*)

Die Provinzeinteilung stützte sich auf landschaftliche Gegebenheiten von größter Bedeutung.

Beginnt man im Norden, bildet das Gebiet jenseits des Douro zwei Zonen, die vom Támega getrennt werden: im Osten Trás-os-Montes, im Westen Entre-Douro-e-Minho.

Den Bewohner von Trás-os-Montes – den „Transmontano" –, lebhaft, agil, robust –, unterscheidet man sofort von dem der Provinz Minho – dem „Minhoto" –, schwerfällig, doch geduldig und arbeitssam, zäh, ausdauernd und kindlich unbefangen.

Landabwärts ergeben sich südlich des Douro zwischen der von Bergen durchzogenen Beira und der Küsten-Beira Unterschiede, die denen zwischen dem Minho und Trás-os-Montes entsprechen.

Die Serra da Estrela, deren zum Meer hin abfallenden Teil man den Namen Beira Baixa – die „Niedrige Beira" – gab, während man die gegenüberliegenden, Trás-os-Montes zugewandten Berghänge Beira Alta – die „Hohe Beira" – nannte ..., ist die höchste der portugiesischen Bergketten ... und nach wie vor der unverwechselbare Ort des alten Lusitaniers. Der halbbarbarische Hirte dieser in die Wolken hineinragenden Bergkämme ..., auf seinen Hirtenstab gestützt, in seinen rohen Pelz gekleidet und seiner Herde brauner Schafe folgend, ist vielleicht der Nachkomme der Gefolgsleute von Viriato.[7]

Der Bewohner der westlichen Hänge der Beira ... ist weniger lebhaft, aber robuster. Wer einmal durch diese Landstriche gestreift ist, hat sicherlich die herkulische Statur ihrer Männer bewundert, deren Gesicht ... eine ungehemmte Entfaltung des animalischen Lebens verrät. Wiege tollkühner Räuber, anachronistischer Repräsentant einer Unabhängigkeit, die längst vergangenen Epochen angehört, ist die Beira die Heimat stämmiger Arbeiter.

Weiter unten an der Küste ist der Bewohner der Beira amphibisch: Fischer und Bauer.

In vielerlei Hinsicht schon dem Alto-Alentejo ähnlich, ist die Beira Baixa eine Übergangszone zwischen der nördlichen und der südlichen Hälfte des Landes.

Der Bewohner des Ribatejo – zu Pferd, das Eisen, mit dem er seine Stiere anstachelt, über die Schulter gehängt, dicke Schuhe mit Nagelsohlen an den Füßen, die rote Mütze auf dem Kopf, seine Stierherde auf feucht-wuchernden Ebenen weidend – der «Ribatejano» ist wie ein Beduine vom Nil. ... Wie der Bewohner der Beira verbindet der Ribatejano das Leben eines Fischers – am Meer oder an einem Fluß – mit dem eines Bauern ...

Von der Sonne verbrannt, mit bärtigem Gesicht, lebhaften Augen, freien Gesten, edler und straffer Haltung, bizarr, lebensfroh, gastfreundlich und gesellig, drückt der Bewohner des Alentejo in seiner ganzen Erscheinung die ein wenig strenge Größe des kargen Bodens aus, auf dem er lebt.

Der Bewohner der Provinz Algarve ist ein Andalusier. Im Gegensatz zum Alentejano interessiert er sich für alles, ist ständig in Bewegung, mit einer fast kindlichen Lebhaftigkeit.

(OLIVEIRA MARTINS, aus: *Portugal. A Terra e o Homem, Bd. I*)

Portugal ist klein. Die Städte sind größere Dörfer. Jede Provinz bildet eine überschaubare Einheit. Aussichtspunkte allüberall. Von den Bergen bei Loures reicht der Blick weit über Lissabon, den Tejo hinweg bis zur Serra da Arrábida. Von hier, zurück und zur anderen Seite über den Sado, die Flächen des Alentejo bis hin an die Serra von Monchique. Zwei Stunden mit dem Auto, und man hat vom Gipfel dieser Serra aus fast das ganze Algarve[8] und einen großen Teil des Alentejo zu Füßen; Südportugal breitet sich wie ein riesiger Naturpark vor einem aus. Nah ist Lissabon, kurz der Küstenstreifen bis nach Sagres, wo Heinrich der Seefahrer seine Expeditionen nach Übersee vorbereitete[9], nah das Meer – die einzige Fläche, über die das Auge unbegrenzt schweift. Eine gute Stunde von der Hauptstadt nach Norden: derselbe Eindruck. Von der Serra dos Candieiros erscheint die Landschaft um Leria wie eine alte Grafschaft. Von den obersten Punkten des Waldes von Bussaco, eine weitere Stunde nach Norden, die Umgebung Coimbras, Portugals Heidelberg, wie eine gefällige Hügellandschaft. Und ebensowenig verliert sich der Blick in Viana de Castelo, an der Nordwestecke des Landes; in Vila Real, auf der Grenze zwischen dem Minho und Trás-os-Montes, den beiden zurückgezogenen Nordprovinzen; auf den Türmen der Burg von Chaves oder in den Höhen des Alto Douro – wenn sich auch der Norden, wie in so vielen anderen Dingen, durch das engräumigere Sichtfeld stark vom Süden abhebt. – Trotz vieler während des letzten Jahrzehnts entstandener Neubauten und trotz des immer mehr zunehmenden Verkehrs ist man unwillkürlich noch immer versucht, nach den alten Geschlechtern Ausschau zu halten, die von ihren Burgen ihre Territorien überschauten.[10]

Es gibt Ausnahmen, gewiß. Im rauhen Trás-os-Montes wuchtige Höhen, die für sich selbst dastehen; von denen aus sich der Blick in der Weite verliert. Im Alentejo das Gegenteil: Ebenen, die keine Grenzen zu haben scheinen[11]. In der Serra da Estrela Berge, die an die Alpen erinnern in ihrem Streben nach oben[12] – Ausnahmen, die die Regel „bestätigen"; Kontraste, die auch den Bewohnern und ihren Lebensformen eine unverwechselbare Eigenart geben, die sie von der großen Mehrheit der Portugiesen abhebt; „Natur" inmitten einer Art Garten, als den man Portugal so oft bezeichnet hat und als den es sich selbst so gerne sah.[13]

Portugal, *o jardim da Europa*, „der Garten Europas" – ein Epitheton, das lange liebevoll gepflegt und dann, lange, mißbraucht wurde und zur Ideologie entartete. Vermeiden wir das Epitheton und seinen ideologischen Beigeschmack; doch werfen wir damit die Wahrheit nicht über Bord, der es seine Entstehung und sein zähes Leben verdankt: Portugal, wie wohl kein anderes Land in Europa: ein nuanciert gegliedertes Ganzes kleiner, überschaubarer Einheiten; von Variationen, die auf denselben Grundton gestimmt sind: grün – viel mehr als braun[14] –, einladend, lichtvoll; insgesamt milde.

Auch die Menschen sprengen das Maß nicht. Ob rundlich, gemütlich und sanft; ob kernig, hart und verhärmt; ob hager, zäh und beharrlich; ob schlank, zart, durchseelt: fast alle sind klein, wenige kantig, kaum einer wuchtig. Gleichsam plastisch durchgestaltet im Äußeren, innerlich reich an Nuancen; dem Maß in Landschaft und Sitten entsprechend: bei aller Lebhaftigkeit und Erregbarkeit im Grunde maßvoll, gemäßigt. Auch hier droht heute die Ablehnung eines ideologisch verzerrten Bildes, des Klischees von dem demütig-anspruchslosen Portugiesen – *o português é humilde*[15] – die Erkenntnis zu verstellen von dem ruhig gestimmten, harmonischen Gleichmaß – allem harten Kampf abhold –, das die Grundgestimmtheit – wenn auch oft nicht das äußere Erscheinungsbild – der portugiesischen Seele ausmacht.

Das Suchen des Menschen nach letzter Erfüllung, nach dem Transzendenten, hat sich beim Portugiesen gleichsam nach innen gekehrt und zeigt sich in einer Art in sich selbst schwingender Sehnsucht. Über die portugiesische *saudade* – wiederum ein vielfach ideologisierter Begriff – ist viel geschrieben und gerätselt worden. Sollte jene melancholische Grundstimmung, die fühlen läßt, daß das Ersehnte nie verwirklicht wird,[16] zum Teil ein Ergebnis sein jener begrenzten Überschaubarkeit in Landschaft und Lebensformen – mit dem Meer im Westen, den Bergen im Norden, der Ebene im Süden als Ruf ins Unendliche? Wer nach längerem Aufenthalt in Brasilien oder Afrika nach Portugal kommt, mag dieser These zuneigen. Im Vergleich scheinen die Portugiesen die Wurzeln eines Baumes, die Brasilianer das Geäst, die Krone; die Portugiesen das Wesen, die Brasilianer die Vitalität. Während sich die einen, begrenzt, zunehmend nach innen durchgestalteten, suchten die anderen den Raum und entfalteten ihre Kraft großzügig in die Breite – nicht ohne sich mit anderen Rassen zu vermischen.[17] Der Ton jedoch, auf den hier die vitale Breite gestimmt ist, ist derselbe, der dort die bei aller Verhaltenheit selbstbewußte innere Weite trägt.

Aus der Sehnsucht nach der Entfaltung von Kräften, die in der Neuzeit immer mehr nach innen verwiesen wurden und damit nicht frei werden konnten, wird auch vieles verständlich, was die Beziehungen der Portugiesen untereinander und zum Ausland heute kennzeichnet.

DIE GEOGRAPHISCHE LAGE
UND IHRE FOLGEN

Viel wichtiger als eine vermeintliche geographische Individualität ist vor allem die geographische Lage, die viele der charakteristischen Züge der portugiesischen Geschichte, ja Portugals Existenz als Nation erklärt. Als westlichstes Land des europäischen Kontinents war Portugal jahrhundertelang das Ende der Welt.

(OLIVEIRA MARQUES, *História de Portugal. Einführung*)

Wenn wir auf die geographische Lage und auf die historischen Faktoren zurückkommen, läßt sich feststellen, daß unser Land trotz des Durchzugs vieler und verschiedenartiger Völker – von denen einige aus Afrika, andere aus Mitteleuropa kamen – und trotz der schon in weit zurückliegenden Epochen bestehenden Verbindungen übers Meer durch seine Randlage zu einer gewissen Isolierung verdammt war. Wir lebten „dermaßen am Ende der Welt und wo die Sonne so spät aufgeht ...". Die europäische Entwicklung in den Anschauungsformen und in den Sitten begleiten wir mit beträchtlicher Verspätung, und wenn wir – provinziell – unsere Freude an neuen Dingen haben, dann kommen diese Dinge in den Ursprungsländern bereits aus der Mode ...

(JACINTO DO PRADO COELHO,
aus: *Portugal. A Terra e o Homem, Bd. II*)

Selbst zur Sternstunde unserer historischen Verwirklichung war unsere Größe, nüchtern gesehen, eine Fiktion. Wir hatten Größe, jene Größe, die die anderen von außen verstehen und die deswegen von dem Abenteuer des menschlichen Lebens die umfassendste Vorstellung konstituiert oder repräsentiert; aber wir hatten Größe in der Ferne, außerhalb von uns selbst, in den Träumen vom Orient oder im noch nicht be-

dachten Okzident. Europa beachtete uns mehr (als Menschen, die Be-
achtung verdienen), als es uns später beachten sollte, aber es beachtete
uns weniger, als es sich selbst beachtete – beschäftigt mit prunkvollen
oder düsteren Abfolgen von Familienstreitigkeiten, mit denen es den
Feudalismus zu Grabe trug und die moderne Welt schuf (Kapitalismus,
Protestantismus, Wissenschaft).

Die unglaubliche Mischung von Naivität und Prahlerei, mit der wir
dieses „Imperium" – dessen historische und unvergängliche Natur für
Camões der eigentliche Grund für sein Epos war – besaßen, ohne
es ganz zu besitzen, und verloren, *ohne es ganz zu verlieren, denn*
wir besaßen es ja nicht ... Während einer kurzen Epoche fügten die,
die in diesem Imperium umherzogen – und vor allem die, die in ihm
die Träger des katholischen Glaubens waren – zu ihrem Bild *als Por-*
tugiesen ein neues Bild *von unbekannten Ländern und Sitten hinzu,*
und das Wissen darum, diese Erfahrung durchgemacht zu haben, war
in seiner Gesamtheit wunderbar; aber in der geistesgeschichtlichen
Entwicklung des Mutterlandes hing dieses neue Bild *gleichsam in der*
Luft – strenggenommen war es nicht einmal „exotisch", es war eine
Randerscheinung, ohne jede Funktion für das, was unsere Vorstel-
lungskraft ausmacht. Was wir als Portugiesen des Mutterlandes ge-
wesen waren und was wir als reelle oder potentielle Besitzer weit ent-
fernter Länder waren, war getrennt und blieb praktisch bis zum Ende
eines der ungewöhnlichsten Abenteuer auf diesem Erdball getrennt.
... Wenn es auch als Quell wesenhafter Erfahrungen, die unsere phy-
sische und geistige Physiognomie gestalteten, nicht existierte, so
führte das Imperium doch auf der Ebene der Einbildungskraft zu
einer widervernünftigen Veränderung dieser Physiognomie. Für den
gebildeten Portugiesen (und mittelbar dann auch für die anderen) ver-
band sich in seiner Phantasie Brasilien, während einer gewissen Zeit
auch Indien – ebenso wie am Ende Afrika – mit dem kleinen Land,
um ihm eine magische Dimension *zu geben, innerhalb deren sich*
Kompensationsräume konstituierten. Indem wir potentiell ein
„großes Land" waren ..., ersparten wir uns die mühsame Pflicht, un-
sere Kleinheit zu fühlen ... Fünfhundert Jahre Imperialismus ohne
Imperium ... waren auch fünfhundert Jahre Imperium ohne wirklichen Imperialismus! ...

Man hat nichts verstanden vom Geist des alten Regimes und von
seinem historischen Erfolg, wenn man nicht sieht, wie sehr es die gran-
dioseste und systematischste Ausnutzung des glühenden Nationalbe-
wußtseins eines Volkes war, das angesichts der objektiv gegebenen Di-
stanz, die seine Mythologie (von einer alten, glorreichen Nation) von

den begrenzten Möglichkeiten der zeitgenössischen Realität trennt, ein solches Bewußtsein so nötig hat wie das tägliche Brot. ...

(Eduardo Lourenço, *O Labirinto da Saudade*)

Vom 17. Jahrhundert an ... setzte sich bei uns die – inzwischen gleichsam automatisierte – Dialektik durch zwischen einem absolutistischen Nationalismus und einem ideologischen Internationalismus ... Diese sich gegenüberstehenden Idealismen, die praktisch keine Berührungspunkte miteinander verbinden und die praktisch keinen Dialog miteinander führen, trugen – beide auf ihre Weise – dazu bei, die nationale Identität zu unterminieren und aufzulösen. – Da ich in unserem Land zu den wenigen Intellektuellen gehöre, die einiges daransetzten, um die Brücken wieder aufzurichten und den Dialog wieder in Gang zu bringen, ist mir der Isolierungsprozeß eines Nationalismus, der entartet und verknöchert ist, sehr wohl bekannt ... Aber nicht weniger bekannt ist mir der entgegengesetzte Prozeß eines anderen Portugal, nämlich jenes, das – als Reaktion auf einen rückwärtsgewandten Nationalismus und ein überkonservatives Wertsystem – die Lage gleichsam bis ins Absurde in ihr Gegenteil verkehren wollte: Es ist das Portugal der Intellektuellen mit einer überfremdeten Universitätsausbildung, die ohne einen gemeinsamen Bezugspunkt, entwurzelt und abseits von dem kulturellen Milieu leben, welches im Grunde das ihre ist. Beherrscht von dem Gedankengut oder den typischen Ideologien anderer Kulturen, die man ihnen aufpfropft und denen gegenüber sie sich mit evidentem Minderwertigkeitskomplex benehmen, halten sie die Vorstellung für möglich, daß das Land sein soll, was es nicht ist, daß es seine Existenz- und Entwicklungsgrundlagen von außen bezieht, daß es seine Wurzeln vergißt, seinen Charakter verleugnet, sein Gedankengut nach den Lehren, Vorurteilen, Ideen, Glaubenssätzen und selbst den Mythen der „Nationen, die zählen", schult. ... Die wirkliche portugiesische Identität ist ... sowenig die des einen wie die des anderen Portugal – zwei Teile, in die sich die Nation unglückseligerweise gespalten hat, indem sie sich vor sich selbst und vor der Welt herabwürdigte ... Es ist vielmehr die Identität, die in der Überwindung der hartnäckigen historischen Spaltung wiederzuentdecken ist, die Identität eines zugleich universalistischen und portugiesischen Portugals, die eines dynamischen Portugals mit eigenem Gepräge, kurz, eines Portugals, das seiner Probleme und seiner Fehler oder Mängel bewußt ist, aber ebenso seiner Originalität und seiner in ihm angelegten Entwicklungsmöglichkeiten, das seine Zukunftsvision erneuert und diese Vision in Einklang mit den großen Völkergemein-

*schaften bringt, die uns am nächsten stehen, doch so, daß diese Vision
von den eigenen Grundlagen aus entwickelt wird, in der Freiheit und
Unabhängigkeit, die eine intelligente Politik immer gewährleisten
kann.*

(ANTÓNIO QUADROS, OS DOIS PORTUGAIS,
aus: *Portugal. A Terra e o Homem, Bd. II*)

*Von einer höheren Warte aus gesehen – und in einem tieferen Sinn –
geht der Verfall des internationalen Prestiges der portugiesischen Nation
auf drei zusammenwirkende Faktoren zurück . . .: auf den Mangel an –
allgemeiner wie beruflicher – Bildung des einzelnen Portugiesen, vor
allem der Angehörigen des Mittelstandes; auf die mangelhafte Darstellung Portugals im Ausland; und auf das Fehlen eines höheren Nationalbewußtseins.*

(FERNANDO PESSOA, *Sobre Portugal*)

*Der Provinzialismus besteht darin, daß man zu einer Zivilisation ge-
hört, ohne an ihrer höheren Entwicklung teilzunehmen – darin also,
daß man ihr mit einer unbewußten und glücklichen Unterordnung
nachahmend folgt. Das Syndrom des Provinzialismus umfaßt wenigstens drei hervorstechende Symptome: den Enthusiasmus und die Bewunderung für die großen Städte; den Enthusiasmus und die Bewunderung für den Fortschritt und die Modernität; und auf der höheren geistigen Ebene die Unfähigkeit zur Ironie.*

(FERNANDO PESSOA, *Sobre Portugal*)

*Portugal war immer ein Land, in dem der Handel im Mittelpunkt
stand – das gibt sehr wohl eine Vorstellung von seinem Rückstand. Zu
den Zeiten, in denen das Imperium auf seinem Höhepunkt stand, beschränkte sich Portugals Funktion fast nur darauf, die Rohstoffe aus
den kolonialisierten Gebieten in die Länder zu transportieren, in denen
sie verarbeitet wurden. Lange Zeit hindurch spielt Portugal in der Tat
die Rolle eines Warenstaplers – oder eines Eigentümers von Gebieten in
anderen Kontinenten, in denen er sich nur selten zeigt –, der die eigenen
produktiven Kräfte im Land nicht entwickelt. In dem Zusammenhang
ist es von Interesse zu beobachten, was sich während des Bürgerkriegs
1832–1834 ereignet, als sich das portugiesische Bürgertum, nach der
Unabhängigkeit Brasiliens ohne Beschäftigung, ins Schlepptau der li-*

*beralen Kräfte – eines Heers von Politikern, Exilierten – nehmen läßt,
und zwar nicht, um in der portugiesischen Gesellschaft seiner Gesellschaftsordnung, der bürgerlichen, zum Durchbruch zu verhelfen, sondern um den Klerus und dem Adel seine Ländereien zu nehmen und
sich dann selbst auf den Ländereien des Klerus und des Adels festzusetzen, wobei es die Privilegien, die vorher jene beiden Klassen inne-
hatten, praktisch unversehrt weiterbehielt.*

*Das traditionelle, parasitäre Bürgertum, das unter dem Schutz des sa-
lazaristischen Protektionismus sich bestens hatte entfalten können –
jenes Bürgertum, das darauf aus war, die Kolonien auszubeuten, das
den Handel, die Banken, nichts als Tätigkeiten der Spekulation im Kopf
hatte –, blockiert mit Erfolg die Entwicklungsprojekte des dynami-
scheren Teils des Bürgertums, das den wichtigsten Sektoren der produktiven Tätigkeiten verbunden ist und auf eine intensive Industrialisierung
setzt – was notwendigerweise die Entwicklung einer neuen Strategie auf
politischer Ebene voraussetzte: in der Außenpolitik die Öffnung nach
Europa, in der Innenpolitik eine Umgestaltung des Regimes in dem
Sinn, daß politische Institutionen zu schaffen waren, die dem Modell
der fortschrittlichen kapitalistischen Länder nahekommen. ... Dieser
Antrieb zur Modernisierung, dieser „Wille zur Veränderung" wurde vor
allem von Kreisen gefördert, die im allgemeinen nicht aus dem Großbürgertum (den Unternehmern der Großbetriebe) kamen, sondern aus
dem Mittelstand und dem Kleinbürgertum (den Geschäftsführern oder
Betriebsleitern). ... Das Großbürgertum, die Unternehmer, die auf den
„neuen Kurs" setzen, bilden eine kleine Minderheit. Das bedeutet, daß
die kapitalistische Entwicklung in Portugal immer im Schutz des
Staates erfolgte, durch Projekte des Regimes, denn das Bürgertum
konnte seine Rolle als führende Klasse nicht wahrnehmen. ... Der Staat
war dermaßen mächtig, der Staatsapparat und seine Bürokratie – deren
Einfluß auf allen Ebenen erdrückend war – hatten das Land dermaßen
in der Hand, das es äußerst leicht gewesen wäre, Portugal in eine „sozia-
listische Republik" zu verwandeln. ... Portugal ist ein Land, in dem
sich nie das freie Spiel der Kräfte zeigt, in dem alles durch Gesetze,
durch Erlasse gelöst wird. ...*

*Diese Lage – ein Engpaß – haben wir im übrigen schon seit dem Zeit-
alter der Entdeckungen, insofern als die portugiesische Expansion – im
Gegensatz zu dem, was sich bei anderen Expansionsprozessen ab-
spielte – keine internen Grundlagen hatte, die sie hätte stützen können,
denn sie wurde nicht von einer dynamischen wirtschaftlich-sozialen
Umgestaltung im Innern des Landes begleitet. Das ist der Grund dafür,
das Portugal später, im Jahre 1580, den Preis für das Abenteuer seiner*

Expansion mit dem Verlust der Unabhängigkeit entrichten mußte. – Der Salazarismus beruhte auf folgendem offensichtlichem Paradox: Auf der einen Seite kam der Hauptanteil an Unterstützung des Regimes überwiegend vom Kleinbürgertum; auf der anderen Seite waren die Interessen, die das Regime verfolgte, identisch mit den Interessen des parasitären Großbürgertums (im Handel und in der Landwirtschaft), der Finanzaristokratie, der Besitzer von Grund und Boden. Das zeigt, daß die Angst, die das Kleinbürgertum vor einer Proletarialisierung hatte, es zu einer taktischen Allianz mit dem parasitären Großbürgertum trieb. Ich spreche von Allianz, insofern als das, was diese beiden Klassen, bei allen Spannungen, einte – nämlich die Bewahrung des Status quo, die Lähmung der gesellschaftlichen Dynamik –, stärker war als das, was sie trennte. ... Da es dem Regime nicht gelang, eine „primitive Form" der Kolonialherrschaft zu überwinden und Beziehungen zu den Kolonien herzustellen, denen eine „moderne" Nutzung zugrunde liegt – wie es die fortschrittlicheren kapitalistischen Länder getan hatten –, sieht es sich plötzlich vor die folgende Alternative gestellt: entweder aufgeben oder Widerstand leisten. Und da andere Mittel vorzugehen fehlen, heißt Widerstand hier nur eines: Widerstand mit Waffen. Man kolonisiert das Imperium nicht – man konserviert das Imperium. Man nutzt die Hilfsmittel des Imperiums nicht – man hält das Imperium. Das Imperium ist „heiliges Land", ist Vaterland – und als solches unveräußerlich. ... Dies unter ideologischem Gesichtspunkt. Aber unter wirtschaftlichem Gesichtspunkt nimmt man aufgrund der Unfähigkeit des portugiesischen Bürgertums seine Zuflucht zum internationalen (Groß-)Kapital, zum Imperialismus ... [18]

(JOSÉ ANTÓNIO SARAIVA/VICENTE JORGE SILVA,
O 25 de Abril visto da História)

Abb. 9: Douro-Tal.

Abb. 10: Villa da Ponte.
Abb. 11: Bragança, Trás-os-Montes.

Abb. 12: Landschaft um Salvador.
Abb. 13: Monsanto.

Abb. 14: Korkeiche bei Castelo de Vide.
Abb. 15: Serra de Serpa, Alentejo.

Portugals geographische Lage hat immer wieder als Grundlage für eine Wesensbestimmung des Landes und seines historischen Schicksals gedient: ein schmaler Schlauch, eingeengt zwischen zwei Riesenflächen, dem Meer auf der einen, Spanien auf der anderen Seite.[19]

Das Meer hat für Portugal eine doppelte Funktion. Eine seelische: es bietet dem Portugiesen das Symbol jener Weite, nach der er sich sehnt. Und eine reelle: als Brücke, über die ein tapferes Volk einst andere Erdteile entdeckte und Europa eine neue Welt erschloß. Seit jener Zeit gehen die beiden Funktionen eine schillernde Symbiose ein.[20]

Spanien, jenes in mancher Hinsicht afrikanisch anmutende Wüstenmeer,[21] wurde (vor allem) seit dem 16./17. Jahrhundert zunehmend als Kontrast, Trennwand, Bedrohung empfunden.[22] Ein fruchtbarer Dialog mit dem iberischen Brudervolk hat seither nur sporadisch stattgefunden. Portugal und Spanien waren – und sind auch noch heute – wie zwei Brüder, die sich nicht viel zu sagen haben; zwei Pole, deren Gemeinsames eher abzustoßen scheint.[23]

Die Kolonien boten einer kleinen Zahl von Portugiesen die Verwirklichung der Sehnsucht nach der Ferne, die Möglichkeit, Unternehmungen gigantischer Größenordnung durchzuführen. Für die große Mehrheit des Volks waren sie eher Legende, Pseudorealisierung übers Meer geträumter Träume – wenn es sie überhaupt zur Kenntnis nahm. Weit entfernt, im Verhältnis zum Mutterland von riesigem Ausmaß, zwangen sie letztlich zu einer Alternative: entweder man fuhr dorthin, um zu bleiben, und wurde Inder, Brasilianer, Angolaner, Mozambikaner ...; oder man beschränkte sich auf den Kontakt, insbesondere auf den Handel, über die wenigen Zentren am Meer, ließ sich auf die andere Welt des Hinterlandes aber kaum ein.[24]

Die Kolonien brachten wohl mannigfache geistige und materielle

Schätze; im Grunde blieb dies indessen eher fremdartiges Gut. Für einige Genies waren sie zeitweise ein Ferment für künstlerische Gestaltungen, die zum Großartigsten gehören, was Europa hervorgebracht hat;[25] für schöpferisch begabte Menschen mochten sie eine Grundlage geistiger und materieller Entfaltung bilden; unter verschiedenen historischen Konstellationen waren sie für das Land wirtschaftlich von großem Nutzen.[26] Insgesamt waren sie für Nation und Geschichte jedoch eher symbolischer als realer Natur.

Zwischen Portugal und Mitteleuropa liegt die „verbrannte Hochebene" Kastiliens.[27] Natürliche Verbindungsschwierigkeiten wurden erhöht durch die Gegensätze zwischen den beiden iberischen Nachbarn und durch innerportugiesische (sowie innerspanische) Entwicklungen: häufig sperrte die Regierung aus politischen Gründen die Grenze für den größten Teil der Bevölkerung. Ein circulus vitiosus ergab sich: Mitteleuropa war weit, seine Ideen waren einem nur vage vertraut, fremd oder gar unerwünscht; man versperrte sich ihrem Einfluß – und damit rückte Mitteleuropa noch ferner.

Trotzdem, und dies ist immer wieder hervorzuheben, ist die portugiesische Geschichte in ihren großen Zügen[28] durchweg dem europäischen Rhythmus gefolgt: in der Abfolge der künstlerischen Stile, der wissenschaftlichen Methoden, der politischen Strömungen – wenn es auch wesentliche, charakteristische, bis heute nachwirkende Abwandlungen und Ausnahmen gibt. Das in der Renaissance entstandene Ideal der Persönlichkeitsentfaltung setzte sich weniger durch als der Humanismus; die reformatorischen Ideen wurden abgelehnt;[29] das kritische Gedankengut der Aufklärung blieb immer umstritten und seine Rezeption auf kleine Kreise beschränkt; der Liberalismus im mitteleuropäischen Sinn[30] fand nur bedingt Anklang. Im übrigen blieb der ganze mitteleuropäische Einfluß bis vor wenigen Jahren auf Gruppen beschränkt, die weniger durch ihre Größe als durch ihr Gewicht zählten: es waren relativ kleine Kreise, die die europäischen Normen im Denken und Leben importierten und ihnen in Kunst, Wissenschaft und zum Teil auch im Lebensstil und in der Staatsführung Geltung zu verschaffen suchten.

Erst vor diesem Hintergrund werden einige Dominanten des portugiesischen Lebens verständlich.

Die Maßstäbe und Normen der geistigen Elite erwuchsen nur bedingt auf dem übersehbaren Schauplatz des eigenen Lebens, wurden nur in eingeschränktem Maße aus der Mentalität des Volks und den soziologischen Gegebenheiten des Landes heraus entwickelt. Zum großen Teil wurden sie mehr oder weniger als Fertigware importiert[31] und dann – nicht immer ohne inneren Zwiespalt der Importeure – abgewandelt und angepaßt. Die geistigen Maßstäbe waren somit weitgehend anderer Herkunft als die emotionalen Kräfte – die eher der Weite des Meeres, der Hinwendung nach Übersee, der großen fernen Welt nachhingen oder sich, lokal gebunden, in reicher regionaler Tradition niederschlugen.

Bei vielen der Importeure und ihren Nachahmern blieben diese geistigen Maßstäbe matt, farblos, unsicher; beschränkten sich auf wenige Grundzüge, nicht selten auf Schlagworte. Nirgends in Europa scheint noch heute die begriffliche Unsicherheit, das Jonglieren mit halbverdauten Topoi, das über die eigentliche Problematik hinweggehende Zitieren von Allgemeinheiten in Kultur, Wissenschaft und Politik so verbreitet wie in Portugal.[32]

Der unangenehme, sich in Allgemeinheiten ergehende Typus ist der Pseudointellektuelle. Er findet sich auch in anderen Ländern zuhauf, ist aber in Portugal von besonders schwachem geistigen Format, in seinem Auftreten besonders anmaßend und in seiner Wirkung besonders schädlich, weil er so wenige anerkannte geistige Instanzen neben oder über sich hat, die ihn in seine Schranken verweisen. Die neuesten, hastig aufgegriffenen Ideen unter die Leute zu bringen gelingt ihm um so leichter, als er bei seinen Landsleuten auf eine rasche Auffassungsgabe und darauf zählen darf, daß man gerne auf die Mühe verzichtet, die Münzen nüchtern und sorgfältig auf ihren Gehalt zu prüfen; um so leichter auch, als er äußerst charmant und beredt vorgeht.

Nicht selten haben die herrschenden politischen Instanzen diesen Pseudointellektuellen mit Skepsis verfolgt, ihn gewaltsam unterdrückt und sich aus evidenten Nützlichkeitserwägungen auf die Volksmentalität berufen, die mit ihm nichts zu schaffen habe: der Typus wurde zu einem Vorwand, berufenere Geister zum Schweigen zu bringen und Gedankengut, das dem Herrschenden unwillkommen war, zu ersticken.

Der rührende Typus ist der Nachbeter, der davon überzeugt ist, ein neues Evangelium sei immer heilsam. Provinzielle Sucht nach Neuigkeiten und idealistisch gesinntes Streben nach gültigen Normen suchen sich hier ihren begrifflichen Halt – wobei sich nicht selten auch ein guter Schuß Opportunismus und Schlaubergertum in die bereitwillige Verbreitung neuen Gedankenguts mischt.

Das „Volk",[33] dem die Anschauung vom Ursprungsort der Importware fehlt,[34] steht allem Intellektuellen vielleicht noch reservierter gegenüber als in anderen europäischen Ländern. Der Bauer, der Arbeiter, der seine handfesten Alltagsprobleme zu lösen hat, besitzt – sofern Leidenschaften und Ideologien die allgemeine Atmosphäre nicht verzerren – einen sicheren Instinkt, um die flache, gerade gängige von der echten Münze zu trennen: hohle Lehren laufen bei ihm ins Leere – was den Intellektuellen[35] wiederum verbittert: „Man versteht uns nicht; wir sprechen doch nur in ihrem Sinn …" Auf der anderen Seite fühlt sich das „Volk" gerade durch diese Pseudogeistigkeit in seiner auf die Praxis des Alltags gerichteten Lebensführung bestärkt und zieht sich um so beruhigter auf seine Tradition zurück. Die Kontaktlosigkeit wirkt sich zu beider Schaden aus.

Doch gab und gibt es nicht nur den Pseudointellektuellen in Portugal – das ist gar nicht stark genug zu betonen. Es gab und gibt vielmehr zahlreiche künstlerisch, wissenschaftlich, fachlich begabte und engagierte Menschen, die es bis heute unsäglich schwer haben, sind sie doch ständig Bürger zweier Welten. Auf der einen Seite die Liebe zu ihrer *terra* – *terra* heißt soviel wie „Erde", „Land" und dann „Heimat", „Heimatort", „Heimatland"; auf der anderen das Bedürfnis des Geistes, der nur *lá fora*, „draußen" auf seine Kosten kommt – *lá fora*, eigentlich „draußen", bedeutet auch „im Ausland". Das Leiden an Portugal bildet eine Konstante im Leben der Besten der Portugiesen. Manche verzweifelten; manche verbitterten und flüchteten in aggressive Kritik; nicht wenige machten sich Luft in humorvoller oder in spitzer, florettartiger Ironisierung; wieder andere suchen in ihrem Beruf das, was sie in Entbehrung und Anstrengung über Jahre hinweg erarbeitet haben, zum Wohle anderer anzuwenden und neigen bei allgemeinen Belangen zum Schweigen; und erwähnen wir auch jene Portugiesen, die sich für ein Leben – oft auf Zeit – im Ausland entschieden oder entscheiden mußten.[36] All diese Gruppen verbindet eine bald resignierte, bald eher zum Ritus gehörende Floskel, mit der man sich über das eigene Land äußert: *neste país …*, *nesta terra …* – „in diesem Land (hier) …". Was negativ ist, braucht dann kaum noch gesagt zu werden; es wird als sattsam bekannt vorausgesetzt. Allerdings schwingt hier eine Art melancholisches Ungenügen an den realen Grundlagen des Daseins schlechthin – eine spezifische Form der *saudade*[37] – und eine Freude an der Kritik mit; man tut daher gut daran, diese kritischen Äußerungen nicht zu naiv als das letzte „objektive" Wort zu nehmen: die Liebe und Verbundenheit zur *terra* pflegt allemal echter und tragender zu sein.

„Volk", Intellektuelle, Politiker, Künstler, Wissenschaftler, Fachleute: diese unterschiedlichen Gruppen haben bis heute nicht genügend zueinander gefunden. Das impliziert auch, daß Geist und Macht

– in Deutschland so lange verhängnisvoll getrennt und auch heute nur
sehr mangelhaft versöhnt – in Portugals neuerer Geschichte oft diver-
gierende Kräfte sind.

Da die Maßstäbe in Kultur, Wissenschaft und Politik nur zum Teil
dem eigenen Land erwachsen, werden sie auch nur ungenügend am
Gegenstand auf ihre Angemessenheit erprobt. Schon hieraus – und
nicht nur aus dem lange Zeit bestehenden politischen Druck – erklärt
sich der Mangel an konstruktiver Kritik. Konstruktive Kritik setzt
Probleme voraus, an deren Lösung man gemeinsam arbeitet; erfor-
dert Tatsachen, an denen sich die Ideen zu bewähren haben; verlangt
Bereitschaft und Fähigkeit zum Dialog. Sind die Tatsachen, an denen
sich die Maßstäbe orientieren, die Mitteleuropas oder Amerikas,
geraten die Maßstäbe ins Schwimmen. Werden die Probleme von
Gruppen behandelt, die sich mißtrauisch gegenüberstehen oder
keinen echten Kontakt zueinander haben, erstickt der Dialog, ehe er
beginnt. Dem portugiesischen Geist, der sich auszeichnet durch ein
feinfühliges Gespür für Nuancen, durch eine schnelle Auffassungsgabe, fehlt weitgehend das dialogische Element. Und der Kritik geht
es oft zu wenig um eine Lösung der Probleme: nicht selten verliert sie
sich in Details, in Aperçus, im Persönlichen, in Ironisierung und Per-
siflage.[38]

Die Kreise, die die Maßstäbe setzen, sind in einem kleinen Land
doppelt klein. Die Ideen eines jeden sind daher bald bekannt und
nutzen sich in der Wiederholung ab. Manchmal wirken Unterhaltungen in Portugal wie einstudierte, rituelle Umgangsformen von Familien, die sich von ihrer Umwelt abgeschlossen haben: ein Spiel bekannter Meinungen, mehr als Bestätigung gemeint denn als Bemühen
um Aufschluß und Entdeckung.

Der – lebendig wirksame – Begriff der „Kultur" ist in Portugal ein
anderer als in Mitteleuropa. Die „cultura animi" – von der das portugiesische Volk vielleicht wie kein anderes europäisches Volk zeugt –
wird kaum zur Kultur gerechnet; die Kultur des Herzens und die geistigen kulturellen Leistungen finden nur schwer zueinander. Innerhalb der Geisteskultur gehen humanistische Gelehrsamkeit und
Lernen – praxisbezogen oder nicht – nebeneinanderher; jene heute
allgemein zu beobachtende Schwierigkeit, eine Verbindung zwischen
„Bildung" und „Ausbildung" herzustellen, tritt in Portugal seit
langem verstärkt auf. Zwar wirkt man dieser Krise von seiten of-
fizieller und nicht-offizieller Instanzen in den letzten Jahren nach
Kräften entgegen, insbesondere durch Bemühungen um einen stärkeren Praxisbezug gerade auch der allgemeinbildenden Fächer; doch

wird die Haltung des „Forschens" – „Wissenschaft ist Wissenwollen"[39] – nach wie vor viel zu wenig verlangt und gefördert. – Und schließlich hat die Kultur im Sinn von „Gepräge, das man dem Leben und den Dingen gibt", ganz bestimmte Schwerpunkte: sie zeigt sich, indessen zunehmend seltener, in den Umgangsformen bestimmter Kreise oder Gruppen und in einer Feinheit, die im „verwirtschaftlichten" Mitteleuropa weitgehend verlorengegangen ist; im Taktgefühl; in manchen Baustilen – nicht zuletzt der Landsitze und Landhäuser, an denen Portugal so reich ist; im Mobiliar und anderen Bereichen der Wohnungseinrichtung; in der Herstellung und im Gebrauch kunsthandwerklicher Gegenstände u. a. m. Der Ideengehalt von Kunst und Wissenschaft geht in die Kultur als Lebensform der großen Mehrheit der Portugiesen dagegen nur sehr bedingt ein.[40]

Wie viele südamerikanische und andere Länder der sog. Dritten Welt zeigt Portugal – wenn auch weniger deutlich – den Zwiespalt einer auf die Stufe der Folklore sinkenden oder auf dieser Stufe verharrenden Volkskultur und einer weitgehend von außen übernommenen, nicht genügend assimilierten Geisteskultur. Dadurch entsteht die Gefahr einer gewissen Überfremdung sowie gleichzeitig die Gefahr „nationaler" Impulse gegen diese Überfremdung, welche in Nationalismen umschlagen können.[41] Es fehlt das robuste Selbstwertgefühl, das auf dem Bewußtsein einer Produktivität beruht, die sich an den konkreten Aufgaben bewährt und in der schöpferischen Leistung vollendet. Ein Selbstwertgefühl in der Art eines Felix Krull dagegen ist sehr verbreitet[42]: ein „aristokratisches" Bewußtsein unverwechselbarer Eigenart. – Die Weite des Herzens findet ihren adäquaten, der Epoche und den Lebensumständen angemessenen Ausdruck nicht.

Erschwerend kommt hinzu, daß die vom Ausland eingeführten Maßstäbe und Moden in der Regel erst in Portugal ankommen, wenn sie in den Ursprungsländern schon überholt sind oder zumindest kritisch relativiert werden: eine Phasenverschiebung, die gerade die Aufgeschlossensten manchmal zur Verzweiflung treibt. – Der moderne Verkehr und die Medien tragen unter diesem Gesichtspunkt vielleicht mehr als alles andere zu einem *Ausgleich* im historischen Rhythmus zwischen Portugal und anderen Ländern bei.

Ein einziger Bereich ist und war von der skizzierten Phasenverschiebung wenig betroffen: ein Teil der Großindustrie sowie Banken und bestimmte Großunternehmen. Viele dieser portugiesischen Unternehmen waren schon vor der Revolution die einzigen Institutionen, die wenigstens, was ihre Fabrikations- und Planungsprozesse und ihre Handelsverbindungen angeht, zeitgemäß strukturiert waren. Soziologisch-politisch hingegen spiegelten sie das krasse Gefälle zwischen den verschiedenen Bevölkerungsschichten wider. Lohn- und Preis-politik und die internen Regelungen der Unternehmungsführung waren die einer vergangenen Epoche. Die Besitzer oder Leiter dieser Unternehmen zogen aus einer relativ zeitgemäßen Technologie und Organisation und einer soziologisch-politischen Rückständigkeit naturgemäß den größten Nutzen.[43]

Fragt man nach der Konvergenz der portugiesischen Beziehungen nach Übersee und nach Europa, so stellten die Großunternehmen auch hier – wenn auch nur in einem kleinen Rahmen – eine Ausnahme dar: die zweiseitige Ausrichtung Portugals führte in manchen Fällen zu einer geglückten Fusion. Im allgemeinen kulturellen und soziolo-gisch-politischen Leben war diese Konvergenz indessen von Hypo-theken belastet: beide, Mitteleuropa wie Übersee, waren ferne Zonen; beide ohne direkten, lebendigen Bezug zum portugiesischen „Volk" und seiner Art zu leben; beide banden Kräfte und verhinderten so nicht selten eine an den Problemen im Land selbst orientierte und nicht so stark auf die Lösungsmodelle anderer Länder fixierte stärkere Entwicklung eigenständiger Produktivität. – Durch die in den letzten Jahren stark forcierte Angleichung der Lebensformen auch des portu-giesischen „Volks" an die Lebensformen Mitteleuropas und durch das stärkere Bewußtsein um die skizzierten Hypotheken – nicht zuletzt auch durch den Verlust der Kolonien und der Neuorientierung der por-tugiesischen Politik – ändern sich die Rahmenbedingungen gleichsam von Tag zu Tag. Ob durch die fast einseitige Bindung Portugals an den europäisch-amerikanischen Entwicklungsprozeß ältere Überfrem-dungs- und Herrschaftsformen tatsächlich durch neuere ersetzt werden, die in ihrer Breitenwirkung auf Dauer fruchtbarer sind, werden die nächsten Jahre und Jahrzehnte zeigen.[44] Ebenso wird sich zeigen, ob das von Eduardo Lourenço und anderen zu Recht konsta-tierte neue Selbstwertgefühl dazu führt, daß der Portugiese es ab-lehnt, sich die Normen in Kunst und Wissenschaft von außen „dik-tieren" zu lassen und daß er der portugiesischen Literatur und Kunst (im Prinzip) denselben Rang zuspricht wie der französischen oder einer anderen europäischen. Darüber hinaus wird man abwarten müssen, ob ein solches Selbstwertgefühl seine Entsprechung findet in den nicht-künstlerischen Lebensbereichen, so daß es auf allen Lebens-gebieten nach einer Phase der Nachahmung und Übernahme europä-isch-amerikanischer Maßstäbe, Normen und Waren immer stärker zum Mit-Schaffen kommt.

Wie sehr die Großindustrie, Banken und Handel an den internen

Problemen des Landes vorbeigingen, wird u. a. auch daran sichtbar, daß die Unternehmen für Kultur, Erziehung und soziologisch relevante Forschung kaum einen Beitrag leisteten[45]: ein ausländischer Mäzen (Gulbenkian) mußte in Portugal eine Stiftung gründen, die für viele Bereiche des kulturellen Lebens mehr Initiative und Mittel aufbringt als der Staat und die portugiesischen Industriekapitäne. Sie zeigten damit vielleicht am deutlichsten, wie unabhängig portugiesische Wirtschaft, Macht, Kultur und „Volk" voneinander waren. Die nächsten Jahre werden zeigen müssen, ob die ausländischen Firmen, die *„multinacionais"*, die portugiesischen Großunternehmen und die Banken *für die Mehrheit der Bevölkerung* auf Dauer tatsächlich fruchtbare Arbeit leisten. Trotz des Fortschritts der letzten Jahre ist das noch nicht ausgemacht – ganz abgesehen von den Auswirkungen der vorauszusehenden Pleitewelle, die die Kleinindustrie und weite Teile der Mittelindustrie und der Landwirtschaft überrollen wird, sobald der frische Wind freier Konkurrenz, ohne Zuschüsse, weht.

Wenn die portugiesische Geschichte in ihren großen Zügen dem Gang der europäischen Geschichte folgt, ist das kein Zufall: trotz aller inneren und äußeren Bindungen nach Übersee ist der Portugiese im wesentlichen Europäer. Die eigentliche Ausrichtung des Menschlichen an „geistigen" Werten – und nicht an „vitalen" –, die ständige Wiedervergegenwärtigung und Wiederaufnahme vergangener Epochen, jene Abfolge der sog. Renaissancen[46], die Orientierung an Maßstäben, die in Griechenland und Rom ihren Ursprung haben, dies alles teilt Portugal mit Mitteleuropa.

Dem stehen indessen wesentliche Züge gegenüber, die das Land von Europa abheben. Die für Mitteleuropa charakteristische Verknüpfung von Besitz und Kultur, gebunden an ein mehr oder weniger gebildetes Bürgertum, dem es im Prinzip gleichzeitig um Geld, Einfluß und geistige Verarbeitung der realen Lebensgrundlagen geht, fand sich in Portugal nur in Ansätzen. Kapitalismus als praktische Lebensnorm, Kultur und Religion in einem war ihm weitgehend fremd.[47] Nach der die mitteleuropäische Geschichte durchziehenden Spannung von Ideal und Wirklichkeit, nicht zuletzt mit der Schwierigkeit verknüpft, die erwähnten Pole miteinander in Einklang zu bringen, sucht man hier, wenigstens in dieser krassen Form, vergeblich; überhaupt sind dynamische Polaritäten in Charakter, Fühlen, Denken und Handeln Ausnahmen. Der Portugiese akzeptiert die Spannungen der Realität leichter als ein Mitteleuropäer, bewegt sich selbstverständlicher in ihr – zugleich mit kindlichem Vertrauen und der Ergebenheit des weise gewordenen Alters[48] (wobei eine Dosis fatalistischer Resignation manchmal auch hemmend wirkt). – Oder er geht in heroisch-ideellem Schwung über sie hinweg bzw., von der Phantasie verführt, an ihr vorbei. Oder er verfällt der *Saudade*. Nicht zufällig erinnert die Physiognomie von Land und Leuten so sehr an Griechenland: man würde die erstgenannte Grundhaltung griechisch nennen, implizierte dieser Terminus in Mitteleuropa nicht jene geniale, helle Geistigkeit, jene dramatische Kraft, jenen dialogischen Schwung und jenen plastisch-metaphysischen Blick der alten Hellenen, die in Portugal bei allen antikisierenden Strömungen kaum kongeniale Nachfolger gefunden haben. Im übrigen ist sowohl das heroisch-donquichottehafte Hinwegsehen über die Natur wie die *Saudade*[49] dem, was wir als griechischen Geist bezeichnen, fremd – während umgekehrt der Portugiese wenig Sinn für das Titanische zu haben pflegt.

Ähnlich und doch sehr verschieden, tut sich Portugal mit seinem Verhältnis zu Mitteleuropa von jeher schwer.[50] Noch heute sind die Verbindungen reich an Mißverständnissen – Mißverständnissen, die von der anderen Seite nicht selten genährt werden.

Das „Volk", überaus gastfreundlich, allem Fremden spontan zugetan, voller Erfahrungs- und Gesprächslust – noch steckt etwas von den Entdeckern in diesem Volk – nimmt den Mitteleuropäer durchweg spontan an. Bevor der Massentourismus (neben den Überweisungen der Gastarbeiter) zu einer der Haupteinnahmequellen des Landes wurde, war der Reisende, gab er sich leutselig und sympathisch, in Portugal König, und noch heute wird er, vor allem in der Provinz, nicht selten königlich behandelt.

Doch mit der rapiden wirtschaftlich-technischen Entwicklung nahmen die Kontakte zwar zu, aber auch bestimmte Schwierigkeiten. Der Mitteleuropäer, gewöhnt an das Klischee, in Portugal ein zurückgebliebenes Land zu sehen, verkroch sich ein wenig hochmütig in dieses Klischee, mimte dem bald als faschistoid, bald als dilettantisch-demokratisch abgestempelten Land gegenüber in Überlegenheitsbewußtsein und degradierte Portugal zum Ferienparadies oder zum Reservoir billiger Arbeitskräfte. Als Tourist importierte er seine – nur halb eingestandenen – Geldmaßstäbe. Was Wunder, wenn der Portugiese auf seine Art reagierte: er lächelte, halb verschämt, halb ironisch und suchte, als geschickter Händler, von dem Geld etwas abzubekommen. Er durchschaute die innere Leere der Geldethik, die Brüchigkeit ihrer Repräsentanten, ohne jedoch etwas Geistiges dagegensetzen zu können und ohne der günstigen Gelegenheit, mühelos gute Geschäfte zu machen, widerstehen zu können oder zu wollen. Die Lei-

stungs- und Organisationskraft der technisierten Welt begann er zu
bewundern, fühlte sich dieser Welt gegenüber aber noch lange fremd.
Widersprüchliche Verhaltensformen sind die Folge: eine Verehrung
Mitteleuropas, nicht ohne Komplexe ihm gegenüber, und gleichzeitig
ein stolzer Rückzug auf die eigene Wesensart.

Soziale Verzerrungen erhöhen die Mißverständnisse. Wen hat die
große Mehrheit der Portugiesen vor Augen, wenn sie vom Mitteleuropäer spricht? Den Touristen und jene Ausländer, die auf Zeit in Portugal leben.

Vor- und Nachteile des Tourismus sind sattsam bekannt.[51] Weniger
bekannt sind Vor- und Nachteile jener Ausländerkontingente, die für
einige Jahre in Portugal leben. Da geht ein deutscher Ingenieur, der zu
Hause mit seinen, vier- fünftausend Mark ein mittleres bürgerliches
Leben führt und in seinem Fach einer unter Tausenden ist, für drei,
vier oder fünf Jahre nach Lissabon: mit erhöhtem Gehalt und anderen
Vergünstigungen in ein trotz aller Inflation billigeres Land. Großzügig
mietet er sich ein, sieht sich nach einem Dienstmädchen für seine Frau
um – das er gut bezahlt und schlecht versteht –, zeigt seinen portugiesischen Kollegen, wie man bestimmte Dinge in Deutschland bereits
seit Jahrzehnten macht, bereist in seiner Freizeit Nord und Süd, mit
Abstechern nach Spanien und Marokko – und stellt nach Jahren, ra-
debrechend, fest: in Deutschland funktioniert das ja doch alles ganz
anders . . . Es mag nicht leicht sein, ein gewisses Überlegenheitsgefühl
zu vermeiden, wenn man täglich unter Unzulänglichkeiten der Organisation und der Ausbildung zu leiden hat. Aber erstens stehen die
Dinge auch in Mitteleuropa nicht so, wie es sich der ins Ausland ver-
setzte, sein Heimatland idealisierende Fachmann gern ausmalen
möchte. Und zum andern liegt es nur zu nahe, daß sich der Portugiese,
der als einzelner für diese Unzulänglichkeiten nur in geringem Um-
fang verantwortlich ist, menschlich-skeptisch, fragend zurückzieht.
Und ehe der Ausländer die Sprache ganz beherrscht, die Mentalität
des Landes richtig versteht, sich „drin" fühlt und auch seine eigene
Position kritisch genug reflektiert, läuft der Vertrag aus. Erwähnt sei
in diesem Zusammenhang auch die Kluft, die die für wenige Jahre ein-
reisenden Ausländer von ihren Landsleuten zu trennen pflegt, die seit
Jahrzehnten oder Generationen in Portugal leben.[52]

Unser Beispiel ist absichtlich überspitzt. In sehr vielen Fällen führt
die Zusammenarbeit gerade auch menschlich zu fruchtbaren Kon-
takten. Insgesamt jedoch läßt sich immer wieder beobachten: Portugal und Mitteleuropa sind sich noch immer in vielen Dingen fremd;
Maßstäbe und Einstellungen divergieren in zahlreichen Fragen –

wobei allerdings sehr zu unterscheiden ist zwischen den großen
Städten, allen voran Lissabon und Porto, auf der einen, dem Land auf
der anderen Seite und zwischen der älteren und jüngeren Generation.
Und wen hat der Mitteleuropäer vor Augen, wenn er, mit den
Fernseh-, Radio-, Zeitungsnotizen über Salazarismus, Faschismus,
Kommunismus, Sozialismus, Demokratie, Regierungswechsel, Armut
usw. nicht zufrieden, Portugiesen beobachtet: die Gastarbeiter. Jene
Menschen, die – in ihrem Heimatland ohne Aufstiegschancen – Kraft
und Mut hatten, in Länder zu gehen, deren Sprache, Sitten und Lebensbedingungen sie nicht kannten; die dort Arbeiten verrichten, die
die Mitteleuropäer nicht mehr machen wollen; die häufig sehr
schlecht wohnen; die wenig Rechte haben – „Ausländerrechte" sind
im demokratischen Mitteleuropa nach wie vor weit nachteiliger
spürbar als im „faschistischen" oder „demokratischen" Portugal,[53]
die von ihrer Familie nicht selten lange getrennt lebten oder noch
leben oder aber, wenn sie sie nachholen, nicht so recht wissen, wie sie
ihre Kinder erziehen sollen: portugiesisch oder deutsch, in den
Schulen beider Länder . . .? und die, als sie den Entschluß zur Auswanderung faßten, eigentlich nur verstanden, daß sie zu Hause immer arm
bleiben würden, nach Jahren der Opfer in Mitteleuropa aber – Opfer,
die zu Hause ebenso verlangt werden – aus dem Elend heraus-
kommen, und die deswegen diese Opfer auf sich nahmen, ja, ihre Arbeit sehr oft gar nicht als solches empfinden: wer hungert – und das
war das Los vieler aus der ersten Auswanderergeneration –, sieht
schlechte Arbeitsbedingungen anders . . . Die Odyssee der Gastarbeiter
ist noch zu schreiben.[54] Von ihrem eigenen Land nicht ernährt, dann
aufgegeben – was taten die portugiesische Regierung und ihre Aus-
landsvertretungen lange Jahre hindurch, um ihnen konkret zu
helfen?[55] – und schließlich als Geld- und Devisenquelle genutzt.[56]
Vom Gastland als Arbeitskraft zum normalen Lohn eingesetzt – was
taten die Gastländer, die die sog. Fremdarbeiter damals brauchten,
um die Lebensbedingungen dieser Menschen zu verbessern? Erst in
den letzten Jahren (zum Teil aufgrund der zeitweise drohenden Wirtschaftskrise) bricht sich auf breiterer Ebene die Erkenntnis Bahn, daß
der Ex- und Import der Gastarbeiter weder in den Entsenderländern
noch in Mitteleuropa auf Dauer eine tragfähige Lösung ist. Im übrigen bringt die Wirtschaftskrise mit ihrem Kampf um Arbeitsplätze
auch hier und dort eine latente mitteleuropäische „Ausländerfeind-
lichkeit" an die Oberfläche, so daß sich manche Probleme ver-
schärfen.
Auch hier haben wir zugespitzt. Sehr viele Gastarbeiter haben das

Glück, nicht nur korrekt behandelt zu werden, sondern auch gewinnende Chefs und Kollegen, gewinnbringende Kontakte zu finden. Sehr viele sprechen sehr anerkennend von Mitteleuropa – nicht selten zu anerkennend, wenn sie, in den Ferien, als „Tourist" in ihrer Heimat den Verwandten und Bekannten ihren neuen Wagen vorführen. Nicht wenige möchten in Mitteleuropa bleiben. Doch die Mehrzahl fand wohl nicht, was sie vielleicht auch nicht suchte: eine neue Heimat.

Mit dem Heranwachsen der sog. zweiten Generation, d. h. der Gastarbeiterkinder, wird sich die hier skizzierte Problematik von selbst erledigen – eine Lösung, auf die die Regierungen hüben wie drüben schon deswegen warten, weil sie davon ausgehen, daß ihr Versagen damit von der Geschichte der Vergessenheit überantwortet wird. – Und mit den völlig veränderten Verdienstmöglichkeiten, die es heute in Portugal auch für eine breite Mehrheit des „Volkes" gibt, haben sich auch hier die Ausgangsbedingungen völlig gewandelt – so stark, daß portugiesische Kinder heute nicht selten Mühe haben, ihre Eltern selbst in diesen grundlegenden Entscheidungen richtig zu verstehen.

Nichts war – und ist zum Teil noch heute – unglücklicher für das Verhältnis zwischen Portugal und Mitteleuropa als diese soziologischen Einseitigkeiten der jeweils repräsentativen Besucher: Portugals exportierte Armut, der importierte „bessere Mittelstand"; Mitteleuropas Import der Arbeitskraft, Export des Wissens. Die ohnehin bestehenden Schwierigkeiten für ein Verstehen auf breiter Basis wurden – und werden auch noch heute – durch diese Einseitigkeiten noch erhöht, denn Verstehen von Völkern setzt Nähe auf allen Ebenen voraus, Kontakt zu allen Schichten der Bevölkerung.[57] Auch hier beginnen sich die Rahmenbedingungen erst in den letzten Jahren entscheidend zu ändern.

Sucht man ein Fazit zu ziehen, so bleibt der Eindruck: insgesamt funktioniert die in den letzten Jahren ungleich intensivere Zusammenarbeit sehr gut und ist das Bild, das die Portugiesen von den Deutschen, die Deutschen von den Portugiesen haben, sehr positiv. Insgesamt fehlt diesem Bild vom anderen Land und der Zusammenarbeit aber noch eine breite humane Basis im Verstehen der jeweils spezifischen Eigenart.

SOZIALE QUER- UND LÄNGSSCHNITTE

Zwischen Lissabon und bestimmten Regionen Portugals, manchmal
nur einen Katzensprung von hier entfernt, stellt man äußerst starke Ge-
gensätze fest. Als Hafen, von dem aus man Europa verläßt, ist Lissabon
seit langer Zeit ein Durchgangsort von Völkerschaften und Produkten,
die von überallher kamen; für den Rest des Landes ist es das Zentrum,
in dem alles zusammenläuft und von dem alles seinen Ausgang nimmt.
Manche Flecken der Provinz haben eine viel persönlichere Note, sind
viel archaischer, und die Beobachtung ihrer menschlichen Physio-
gnomie, ihrer Techniken, ihrer Sitten zwingt uns, in eine weit zurücklie-
gende Vergangenheit zurückzugehen, in der das Weideland und eine
Landwirtschaft, die anfing, sich an bestimmten Orten festzusetzen, die
Völker am Ende der Steinzeit an ihre Scholle band. . . . die Gegensätze
zwischen Lissabon und der Provinz sind auch Gegensätze in der Men-
talität. Auf der einen Seite gibt es eine gewisse Verachtung für alles Zivi-
lisierte, auf der anderen einen gekränkten Stolz. Miguel Torga macht
„eine latente gegenseitige Feindseligkeit aus, die die Jahre nicht gemil-
dert haben". Der Mensch, der auf dem Lande lebt, verkörpert den
Alten von Restelo,[58] *„der erdverbundene gesunde Menschenverstand*
wehrt sich gegen ein Schicksal, das er im Grunde seines Herzens nie-
mals wollte und dessen Verlockungen – de facto oder nur in seiner Ein-
bildung – immer von Lissabon ausgingen und noch heute ausgehen".
Aber es handelt sich natürlich nicht um hermetisch voneinander abge-
schlossene Teile des Landes. Die Provinz steht neuen Moden und Ge-
danken immer aufgeschlossener gegenüber, der Tourismus öffnet ihr
die Augen, die Emigration wirkt in dieselbe Richtung, und auf der an-
deren Seite finden wir Charakteristika der Mentalität der Provinz in Lis-
sabon, sogar auf manchen Seiten der „großen" Zeitungen . . .

(JACINTO DO PRADO COELHO,
aus: *Portugal. A Terra e o Homem, Bd. II*)

*Lissabon, sagte mir ein Dichter, der vor zwanzig Jahren starb, ohne
daß etwas von ihm veröffentlicht worden wäre – so wie es sich für diese
Gemeinschaft von Märtyrern gehört –, Lissabon ist eine kubistische Il-
lusion: schaumige Luft, Stierkämpfe, Lärm, Flüche, Fado – nur die
Matrosen und Arbeiter verleihen ihm Wirklichkeit und geben ihm ein eigenes Gepräge. Im übrigen: Wer sind wir? Vagabunden, die ohne festes
Ziel über die Erdkugel wandern oder in diesen Gäßchen bleiben und
von großen Dingen träumen – indem wir uns mühsam dahinschleppen,
die Lunge aus dem Hals spucken und zwischendurch Flüche und
schöne Worte in die Welt setzen ... Wenn wir nicht alt werden in irgendeinem dunklen Laden, in dem wir Tuche verkaufen ...*
   (JOSÉ RODRIGUES MIGUÉIS, aus: *Portugal. A Terra e o Homem, Bd. II*)

Seit hundertfünfzig Jahren hört man:
*Die Provinz produziert und zahlt. Sie will Frieden, Ordnung, Fort-
schritt, Anstand. Lissabon verbraucht und zerstört. Zu seinem Wesen
gehört die Unordnung, das Gerücht, der Müßiggang. Es lebt von der
Politik, dem geistigen Vagabundentum, dem Haushaltsplan. Launisch
und unstet, verehrt es heute Götzen, die es morgen steinigt. Es ist wider-
spenstig, kurzsichtig, verschwenderisch. Jetzt lacht und singt es, um
gleich darauf zu weinen und zu protestieren. Es ist wie eine entartete,
zugleich unterwürfige und aufreibende Geliebte, welche die, die ihr lä-
stig werden, mit ihren Künsten einschläfert. All unsere Übel kommen
von Lissabon. Es ist an der Zeit, mit der Diktatur von Arcada und von
São Bento, der Diktatur der Kneipen und Schmähschriften, der an den
Ecken herumlungernden Grüppchen und der Intellektuellen ohne
praktischen Verstand endlich Schluß zu machen.*
   *Hier protestieren die an dem Theater, dem Unwesen der Bürokratie
und dem Fortschritt unschuldigen Lissaboner:*
*Die Provinz? Die Provinz döst vor sich hin, sieht sich nach einer Stelle
um, geht in die Messe und übt sich im Wiederkauen. Ihr gefräßiges Heer
von Lizenziaten, Schreiberlingen und Bittstellern, von Bonzen und
Pfarrern beherrscht den Terreiro do Paço, das Parlament, die Armee,
das Beamtentum, das Schul- und Universitätswesen – Alles! ... Die
Provinz lebt auf unsere Kosten! Sie hat immer von den königlichen Vergünstigungen gezehrt, von dem „Gott-behüte-Sie". Sie schreit zwar dagegen, aber hat immer geherrscht. Woher kommen denn die Leute mit
den Troddeln und Ornaten, die Gendarmen, die Räte und die Speichel-
lecker? Angefangen von der Wache am Tor von Boa-Hora bis zu den
Richtern des obersten Gerichtshofs, wo ist denn da der Lissaboner? Wo*

kriege ich, als urechter Lissaboner (mit eigenen Meinungen und ohne Einfluß) eine Stelle, es sei denn in irgendeinem Kahn, an der Theke, bei der Bank oder in einer Werkstatt? – Was will die Provinz denn noch mehr? Produziert sie etwa das ganze Brot und das ganze Fleisch, das Eisen und die Kohle, die wir brauchen? sie produziert Auswanderer – eine leicht herzustellende Ware! Sieht man vom Meer ab, wovon leben wir denn seit Jahrhunderten? ... Lissabon, das ist die Freiheit, die Phantasie, das Gedicht, der Fortschritt, das Blut und das Mark der Nation. Was hätten das Minho und das Algarve, die Beiras und das Alentejo gemeinsam ohne Lissabon, das uns zusammenhält![59]

(José Rodrigues Miguéis, *ebd.*)

Sie sind Europäer – nur in einem nicht, und hierin sind sie Opfer der portugiesischen Erziehung. Sie bewundern Paris, bewundern die großen Städte. Wären sie im Ausland erzogen worden und unter dem Einfluß einer großen europäischen Kultur, wie ich, dann gäben sie nicht viel um die großen Städte. Sie hätten sie in sich selbst.

(Fernando Pessoa, in einem Brief an Mário Sá-Carneiro)

LISSABON UND DIE PROVINZ

Für das Ausland ist Lissabon eine der schönsten Städte Europas: auf seinen Hügeln – jeder ein herrlicher Aussichtspunkt – malerisch gelegen; die weite Tejo-Bucht als Vorder-, die Licht und Ruhe ausstrahlende Serra da Arrábida als Hintergrund; im Rücken die Gebirge um Loures, dahinter die nördliche und südliche Flora vereinende Serra de Sintra; das Meer vor der Tür, mit seinen Stränden und Bädern ...

Die Innenstadt ist zwar ein wenig arm an architektonischen Zeugnissen der reichen historischen Vergangenheit: die Altstadt fiel bekanntlich 1755 dem Erdbeben zum Opfer, und der aufgeklärte Despot Pombal ließ eine schachbrettartige Neustadt im damals herrschenden klassizistischen Barockstil bauen. Doch erstens verdankt diese Innenstadt dem Erdbeben, daß sie heute überhaupt noch benutzt werden kann: die alten engen Viertel wären dem Verkehr und den Anforderungen unserer Epoche nicht gewachsen – schon die Barockstadt platzt aus allen Nähten. Zweitens entschädigt das zauberhafte Alfama-Viertel jeden Liebhaber alter Zeiten. Und drittens haben der Mangel an Platz und die vielen Hügel dafür gesorgt, daß die Innenstadt und die umliegenden Viertel nicht durch moderne Hochbauten entstellt werden.[60] Neu-Lissabon entsteht in den Außenbezirken, am Rande der Stadt und in den Satelitenstädten – an der „Linha", der Autobahn, der Straße nach Sintra usw.; für einen Teil des Bürgertums, der in der Stadt wohnen will oder muß und hohe Mieten in Kauf nehmen kann, um die Avenida da Roma, in Richtung Bemfica, Lumiar, Loures; für die Arbeiter in Olivais und anderen Vororten – nicht zu vergessen Barreiro oder Almada, Arbeiterburgen jenseits des Tejo,

Brückenköpfe zu der viert- oder fünftgrößten Stadt des Landes, Setúbal, südlichstes Arbeiterviertel des Großraums Lissabon.

Trotz der zahlreichen Baustellen und trotz aller Hektik ist Lissabon eine äußerst gewinnende Stadt, heute wie ehedem, und wer Muße und Sinn für Stadtbummel hat, kommt dort nach wie vor auf seine Kosten. Weniger bekannt ist, daß Lissabon im Grunde eine große Kleinstadt – oder eine Summe von Kleinstädten – ist. Jener Provinzcharakter der «quartiers», den Kenner an Paris so schätzen und immer wieder als besonders reizvoll rühmen, findet sich hier wieder. Jedes Viertel hat seine eigenen Konturen, Sitten, Schwerpunkte; jeder Stadtteil ist eine Kleinstadt für sich.

Im Gegensatz zu Paris aber sind in Lissabon diese einzelnen Stadtteile nicht zu einer Einheit verwachsen, in der sich die traditionsreiche Eigenart, homogen durchgestaltet, zu kosmopolitisch relevantem, geistigem Ausdruck erhöhte. Trotz seiner (knapp) einer Million Einwohner ist Lissabon „Provinz". Nicht nur im Angebot an Theater, Ballett, Kino oder Nachtleben; auch im täglichen Lebensstil. Wer von London, Paris, Berlin, São Paulo dorthin kommt, hat den Eindruck, an einen anheimelnd überschaubaren Ort zu kommen, und er wird diesen Eindruck trotz aller Geschäftigkeit, die in der Stadt herrscht, nicht wieder los.

Nun ist Provinzialität einer Stadt heute an sich weniger denn je ein Negativum. Wer in modernen Monstren wie São Paulo gewohnt hat, wer die Bemühungen Londons, von Paris, Berlins und anderer Weltstädte verfolgt, ihre Eigenart nicht zu verlieren, freut sich über jede Metropole, die sich von dem Moloch Zivilisation nicht verschlingen läßt.

Trotzdem sind im Falle Lissabons Zweifel angebracht. Portugals einzige Großstadt – Porto, die zweite Stadt, ist trotz seiner gut 300 000 Einwohner wirklich Provinz[61] – ist der einzige Ort, wo der Portugiese erfahren könnte, was Modernität, was Stadtleben etwa im mitteleuropäischen oder auch amerikanischen Sinn ist. Verschärft tritt hier die erwähnte Spannung zwischen der Übernahme fremder Maßstäbe und der eigenen Erfahrung auf: obwohl sich das in die Zukunft weisende Leben Portugals – notgedrungen (?) – in Wissenschaft, Kunst, Politik und Wirtschaft maßgeblich an jenen Stadtzentren ausrichtet, besitzen die Portugiesen, im Sinn Mitteleuropas oder Amerikas, kaum Städte. Denn außer Lissabon und, mit starken Einschränkungen, Porto sind alle anderen Orte im nicht-portugiesischen Sinn Kleinstädte, größere Dörfer.

Noch vor zwanzig, fünfundzwanzig Jahren hatte der Provinzcharakter Lissabons seine faszinierenden Züge. Man hatte seine Ruhe, man traf seine „Welt"[62], seine Freunde und Bekannten, in der Oper, im Theater, beim Fado, am Meer oder zum Plaudern zu Hause; man lebte volksnah und doch für sich; man war im Nu auf dem Land und doch an der Schaltstelle der Nation.[63] Diese Vorteile sind heute weitgehend dahin. In dem gewaltigen Wachstum, in der wirtschaftlich-sozialen Umgestaltung infolge der vielen neue Berufssparten in den neuen oder umstrukturierten Staats-, Wirtschafts- und Handelsunternehmen, in dem Wettlauf eines jeden gegen die Zeit – im konkreten Sinn: tagtäglich gegen die Uhr, im übertragenen: gegen die zunehmende internationale Verflechtung und den hiermit wie mit dem internen Wachstum verknüpften neuen Lebensrhythmus[64] – hat sich eine immer stärkere Hektik breitgemacht und von der ehemaligen Ruhe und Gelassenheit wenig übriggelassen. Da die Entwicklung in Politik, Wirtschaft und Kultur mit den entsprechenden Veränderungen im Ausland nicht Schritt hielt, nahm ein tieferes Verbundenheitsgefühl zu dem Verwaltungsort einer in den letzten Jahren des Salazarregimes zunehmend als hemmend empfundenen Stagnation bzw. einer nur mangelhaft koordinierten Nachholphase seit Caetano eher ab; erst in den letzten Jahren bahnt sich hier ein Ausgleich an.

So wurde das Leben in Lissabon immer stärker zu einem "run" um einen Platz wenn schon nicht an der Sonne, so doch wenigstens am Rande des Schattens.[65]

Im Zuge dieser Entwicklung traten (leider) auch zwei Eigenarten stärker hervor, die in Lissabon seit jeher unterschwellig vorhanden sind – jede größere Stadt hat bekanntlich einen gewissen Mutterboden, der, verwandelt, dem Leben das Gepräge des Echten und Unverwechselbaren gibt; der aber in Zeiten größter Umwälzungen den Eindruck aufgewühlten Schlamms machen kann.

Einmal: eine Arroganz, die hinter dem Schein der Eleganz Ahnungslosigkeit und Dreistigkeit nur schlecht verbirgt. Der Lissaboner Schnösel, eine Form des *tipo elegante*, der dieser Stadt zu anderen Zeiten eher einen liebevoll-pittoresken, oft sogar fesselnden Zug gab; von dem übermächtigen Einfluß der sogenannten guten Familien gedeckt und daher nur zu oft von der Notwendigkeit zu echter Leistung verschont[66] –, der Lissaboner Schnösel gehört zum „Aufregendsten", was Portugal zu bieten hat. Zeitlich und der Qualität nach die letzte Stufe des Dandys ist sein Abdanken hoffentlich eine Frage der Zeit.[67]

Zum andern: Der *rufianismo*, einst gewinnend-freche Vitalität, heute die Haltung jener, die Schwierigkeiten oder Konfliktfälle durch Frechheit, Draufgängertum und Virulenz zu lösen suchten; die aggressiv werden, wenn sie sich im Unrecht fühlen; die das Recht des im

Augenblick Stärkeren vertreten, sich aber sogleich vor eventuellen rechtlichen Folgen verkriechen. Der *rufião* geht davon aus, daß mit einer geschickt dosierten Mischung aus Schläue und Frechheit mehr zu erreichen ist als mit ehrlicher Arbeit.

Der Schnösel kommt vor allem aus dem Bürgertum, der *rufião* aus dem „Volk". Beide, gewieft und gewitzt, geben Lissabon eine Tönung, die den Glanz dieser Stadt manchmal etwas verdunkelt.

Einmal wieder im Einklang mit der Geschichte, wird Lissabon auch mit diesen Erscheinungen fertigwerden; neue Maßstäbe werden erarbeitet werden und sich mit der Zeit auch durchsetzen.

Von nachteiligerer Auswirkung auf das Land als diese Erscheinungen ist indessen, daß alles, was von Bedeutung ist, in Lissabon entschieden wird. Auch hier bietet sich wieder die Parallele zu Frankreich an: hier die Hauptstadt, dort die Provinz. In Portugal aber hatte diese Disproportionalität ein geradezu katastrophales Ausmaß angenommen; denn es gab zu Lissabon außer dem wohl kernigen, aber doch biederen, etwas schwerfällig-dumpfen Porto kein Gegengewicht. Ein Drittel der Gesamtbevölkerung lebt in oder um Lissabon. Industrie und Handel breiteten sich aufgrund der vorteilhaften Infrastruktur zu Lasten der übrigen Gebiete gerade dort immer mehr aus. Politik, Verwaltung, Massenmedien u. a. m. – alles hatte seinen Sitz in Lissabon, einer Stadt, die, was Wohnungen, Straßenanlagen, Lebensstandard vieler Schichten angeht, auf der obersten Stufe zivilisatorischer Ansprüche stand und die eine Provinz dirigierte, in deren Kleinstädten für die Mehrheit der Bewohner die Stadtgrenze das „Ende des Horizonts" bildete; eine Provinz, in deren Dörfern die meisten in armseligen, nicht selten hüttenartigen Häusern lebten, in denen es weder fließendes Wasser noch elektrisches Licht, Telephon oder eine Straße gab. Portugal – eine Nation mit einem riesigen Wasserkopf, der, überfordert, seinen Aufgaben als Direktionsorgan nur sehr mangelhaft nachkam.[68] Seit den siebziger Jahren haben sich Gegengewichte und Korrekturen von großer Bedeutung gebildet. In vielen Sektoren wurde endlich mit der schon lange diskutierten Dezentralisierung begonnen – wenn auch immer noch nicht in der eigentlich erforderlichen Geschwindigkeit. Im Raum Aveiro – Porto – Póvoa de Varzim (und darüber hinaus) entsteht ein immer dichter besiedeltes Ballungsgebiet mit zahlreichen modernen Industriezweigen. Mit dem Bauboom geht eine Modernisierungswelle in nahezu allen Bereichen einher, die zwar nicht gleichmäßig im ganzen Land erfolgt – der Küstenstreifen ist nach wie vor privilegiert –,[69] die aber doch auch im Landesinnern zahlreiche Zentren erfaßt hat. Der Verkehr hat in nahezu allen Regionen gewaltig zugenommen und damit der Austausch von Gedanken, Erfahrungen, Produkten. Die Massenmedien – allen voran das Fernsehen – tun ein übriges. Und schließlich zeigt auch eine allgemeine Schulpflicht im ganzen Land allmählich Wirkung: zwischen der jüngeren Generation – vor allem auf dem Land – und der älteren liegen Welten. Lissabon und die Provinz nähern sich also in einem allgemeinen Modernisierungs- und Industrialisierungsprozeß wie nie zuvor einander an.

Trotzdem ist für den Lissaboner – er ist helle, schnell bei der Hand mit scharfen Urteilen – der Mann der Provinz auch heute noch nur allzu rasch der Zurückgebliebene und umgekehrt für den Mann der Provinz der Lissaboner einer, der das Leben genießt und in den Tag hineinlebt, ohne sich um die eigentlichen Belange des Landes zu kümmern. *O Porto trabalha, Coimbra estuda, Lisboa diverte-se e Braga reza por nós todos* – „Porto arbeitet, Coimbra lernt/studiert, Lissabon vergnügt sich und Braga betet für uns alle": wie in den meisten solcher Dikta steckt auch in diesem noch viel Wahrheit, doch: „sich vergnügen" ist heute in Lissabon nicht mehr unbedingt ein Vergnügen; weder den aufreibenden und entgleisten Lebensrhythmus der Hauptstadt noch den Angleichungsprozeß des ganzen Landes gibt dieser so häufig zitierte Satz wieder. Auch die Sprichwörter bedürfen in Portugal der Aktualisierung.

DIE EINZELNEN BEVÖLKERUNGSGRUPPEN

Es gibt drei Arten von Portugal innerhalb des einen Portugal; oder, wenn man es lieber anders ausdrückt: Es gibt drei Arten von Portugiesen.
Eine entstand, als die Nation entstand: Es ist der typische Portugiese, der Portugiese, der die Grundlage der Nation bildet und auf den das numerische Wachsen zurückgeht, der in Portugal und überall in den verschiedensten Teilen der Welt unauffällig und bescheiden arbeitet. Dieser Portugiese lebt seit 1578 abseits von allen Regierungen, von denen sich keine einzige um ihn kümmerte. Er existiert, weil er existiert, und deshalb existiert auch die Nation.
Eine zweite bildet der Portugiese, der kein Portugiese ist. Sie entstand mit der geistigen Invasion des Auslands, die, soweit sich das mit historischer Wahrheit sagen läßt, auf die Zeit des Marqués von Pombal zu datieren ist. Diese Invasion verstärkte sich mit den Auseinandersetzungen um eine neue Verfassung – dem „Konstitutionalismus" – und übernahm mit der Republik die uneingeschränkte Herrschaft. Dieser Portugiese (der die Wesenszüge repräsentiert, die einen großen Teil des höheren Mittelstands, einen gewissen Teil des Volkes und fast alle Vertreter der herrschenden Klassen charakerisieren) regiert das Land. Er lebt völlig abseits von dem Land, das er regiert. Nach seinem Willen ist er ein Mann aus Paris, ein Moderner; gegen seinen Willen ist er blöd.
Es gibt einen dritten Portugiesen, der entstand, als Portugal – so etwa um die Zeit des Königs Dom Dinis – damit begann, die Grundlagen seines Imperiums zu legen. Dieser Portugiese machte die Entdekkungen, schuf die moderne transozeanische Zivilisation und ver-

schwand in Alcácer-Quibir; aber er hinterließ einige Verwandte, die seither unaufhörlich auf ihn gewartet haben und noch heute auf ihn warten. Da der letzte wirkliche König Portugals jener Dom Sebastião war, der in Alcácer-Quibir besiegt wurde und vermutlich dort starb, projizieren die Portugiesen, die von der Sehnsucht nach dem Imperium erfüllt sind, ihren Glauben, daß ihre Familie nicht ausgelöscht ist, auf das Symbol der Wiederkunft des Königs D. Sebastião.[70]

(FERNANDO PESSOA, *Sobre Portugal*)

In Portugal gelang es im 19. Jahrhundert nicht, die bürgerliche Gesellschaft zu errichten; es war dem Bürgertum bei uns nicht möglich, seine Zivilisation durchzusetzen. ... Die klerikal-adelig-merkantilistische Gesellschaftsordnung wurde abgelöst von der auf dem Grundbesitz, dem Bankwesen basierenden – und ebenfalls merkantilistischen – Oligarchie, welche ebenso wie jene auf der Politik des Transports beruht und sich international auf den industriellen und finanziellen Kapitalismus stützt.

(VITORINO MAGALHÃES GODINHO,
A Estrutura da antiga Sociedade portuguesa)

Die Unfähigkeit des Bürgertums, selbst die Macht zu übernehmen, die Rückständigkeit in der Herausbildung einer starken Klasse eines mittleren und höheren Bürgertums mit Unternehmergeist und Führungsqualitäten, der erstickende Einfluß der staatlichen Bürokratie, das Leben ohne Dynamik, das Übergewicht spekulativer Unternehmungen über produktive Investitionen sollten ein unaufhörliches Anschwellen des Kleinbürgertums zur Folge haben – eines Kleinbürgertums, das die portugiesische Gesellschaft auf allen Ebenen zu überschwemmen beginnt. Im Norden des Landes ist es ein rurales Kleinbürgertum – das in gerader Linie auf die Diener- oder Sklavenschicht der mittelalterlichen Scholle zurückgeht, nach der Abschaffung der feudalen Abhängigkeiten; es ist ein städtisches Kleinbürgertum, das sich von den Überschüssen der Handelsunternehmungen des Imperiums ernährt und dann zunimmt, indem es sich auf die Gelder stützt, die man vom Ausland aus in finanziellen Operationen anlegte – wie man es in der Epoche der „Regeneration" im Versicherungs- und Bankwesen feststellen kann (eine Konstellation, die sich merkwürdigerweise während der Zeit Caetanos wiederholen sollte); es ist ein „etabliertes" Kleinbürgertum von Selbständigen; es ist ein industrielles Kleinbürgertum, das direkt aufs Handwerk zurückgeht, eine Industrie, die sich nie zur Groß-industrie entwickelt, die sich mit dem Status der Kleinindustrie be-scheidet; und es ist schließlich ein sich aus dem öffentlichen Dienst rekrutierendes Kleinbürgertum.

Da es etwas zu verlieren und wenig zu gewinnen hat, da es etwas sein *eigen nennt – einen kleinen Handel, ein Stückchen Land, lokalen Einfluß, ein „kleines, aber sicheres Gehalt“ – und da es zwar einerseits am Rande des Existenzminimums, doch andererseits mit gewissen Pri-vilegien ausgestattet lebt, scheut das Kleinbürgertum das Risiko wie der Teufel das Weihwasser. In der portugiesischen Gesellschaft sollte es ein konservatives Element von immensem Gewicht darstellen, eine Stütze von gigantischem Ausmaß für alle Formen des Sebastianismus.*

Das Kleinbürgertum ist eine Klasse, die aufgrund ihrer Heterogenität keine Möglichkeit hat, historisch als Klasse *zu fungieren; da es sehr zer-splittert ist (sowohl, was die verschiedenen Produktionszweige angeht, als auch in bezug auf die einzelnen Regionen des Landes – im Unter-schied etwa zu dem in klar definierten Zonen konzentrierten Industrie-proletariat), ist das Kleinbürgertum nicht in der Lage, als solches auf den höheren Ebenen des Staatswesens aufzutreten. Daher die Notwen-digkeit, nach jemandem Ausschau zu halten, der es vertritt – nach einer „starken Hand“, einer „schützenden Macht“ mit paternalistischer Funktion. Das Kleinbürgertum nimmt auf die politische Macht immer über eine als Mittelsmann fungierende Person Einfluß. Es delegiert die Verantwortung seiner Vertretung auf diesen oder jenen – oder sogar auf eine andere Klasse (und normalerweise auf die konservativsten Klassen, die die Erhaltung der etablierten Gesellschaftsordnung ge-währleisten, die das „Durcheinander“ oder das Risiko verabscheuen) ... das Kleinbürgertum hat einen Horror vor dem Fortschritt. ...*[71]

(José António Saraiva/Vicente Jorge Silva,
O 25 de Abril visto da História)

In Portugal – und insbesondere in der Jugend – bemerkt man das Auf-einanderprallen zweier Kräfte, die man als zwei Kulturen ansehen kann: bei der einen handelt es sich um die traditionelle Kultur ...; bei der anderen um eine importierte Kultur, die auf der Lektüre ausländi-scher Werke basiert, welche sich auf Situationen beziehen, die uns völlig fremd sind. Daher kommt es, daß diejenigen, die zu der zweiten Kultur gehören – die sie passiv, wie eine auswendig gelernte Fibel, überneh-men –, unfähig sind, die, die zur ersten Kultur gehören, zu verstehen und ihnen in dem Bemühen entgegenzukommen, eine Grundlage für

*neue Wertschöpfungen, neue Einstellungen, ja auch neue Wege zu
finden.*

  *Die erste Kultur ... ist eine Volkskultur, eine rurale Kultur, eine Ar-
beiterkultur. Sie wird vertreten von den untersten Schichten in der Provinz oder denen, die erst vor kurzer Zeit in die Stadt gezogen sind – von
Menschen, die keinen Zugang zum Museum, zum Buch, zur Schall-
platte, ja nicht einmal zur Zeitung haben. – Zur zweiten Kultur gehören
im wesentlichen Akademiker aus der Stadt, Angehörige des Mittelstandes, bestimmte Beamten- und Angestelltengruppen. ... Es fehlen
uns die Institutionen, um eine Bewegung des wissenschaftlichen Forschens und des kulturellen Schaffens ins Leben zu rufen, ohne die unser
Land ein totes Land sein wird ... Die Bevölkerung, auf die sich die bo-
denständige Kultur gründet, besteht zum größten Teil aus Schichten mit
einer von der Vergangenheit geprägten Mentalität, einer Mentalität, die
den Schöpfungen der Moderne fremd gegenübersteht. Es fehlt dem
Land ein Gesamtüberblick über die nationalen Probleme. Nach meiner
Meinung sind die beiden grundlegenden Probleme unseres Landes im
Augenblick das Problem der Institutionen und das der Herausbildung
einer neuen Mentalität.*

  *Kein anderes Problem – nicht einmal das wirtschaftliche – wird sich
lösen lassen, ohne daß die Lösung dieser beiden in Angriff genommen
wird.*[72]

(VITORINO MAGALHÃES GODINHO, «Cultura portuguesa»,
aus: *Pensar a Democracia para Portugal incomodamente*)

  *Salazar kannte dieses Volk ... kannte seine uralte demütig-beschei-
dene Verfassung, die ihm angeborene oder geschichtlich gewordene Geduld in den Widerwärtigkeiten des Lebens, die unendliche Ergebenheit,
die unausrottbare Gläubigkeit – soziologische Gegebenheiten auf dem
Lande, die wenige Staatsmänner – wenn überhaupt einer – mit einem
derartigen Scharfsinn auszunutzen wußten. Aber er kannte darüber
hinaus die Kraft, die echte nationale Leidenschaft dieses selben Volkes,
und mehr als auf dem späteren Terror und der Polizei gründete er
hierauf seine lange Herrschaft, indem er als Kulturideal eine mysti-
fizierte Verherrlichung unserer Vergangenheit oder unserer Gegenwart
pflegte und durchsetzte, unbekannte Bischöfe irgendwelcher Lusitani-
scher Bragas oder Heimsiege von Eishockeymannschaften feierte ...*[73]

(EDUARDO LOURENÇO, *O Labirinto da Saudade*)

Wie im vorindustriellen Zeitalter zerfällt Portugal soziologisch im wesentlichen in zwei große Gruppen. Die eine ist das „Volk", die andere läßt sich nur in Opposition dazu als „Nicht-Volk" bezeichnen. Die Abgrenzung dieser beiden Gruppen – für einen Mitteleuropäer oder Nordamerikaner nicht leicht zu fassen und auch wissenschaftlich kaum mit zureichender Genauigkeit bestimmt[74] – erfolgt im Lande selbst mit instinktiver, unfehlbarer Sicherheit. Faßbar ist sie vielleicht am präzisesten bei der Anrede der Frau: eine Frau aus dem „Volk" ist die *Rosa* oder, drückt man ihr seine Achtung aus, die *Senhora Rosa*; eine Frau aus der zweiten Gruppe die *(Senhora) Dona Rosa*. Auf den ersten Blick trifft der Portugiese in jeder Situation die angemessene Wahl unter den Formen der Anrede[75] – auch bei Frauen, die er nie zuvor gesehen hat. Die Kleidung mag behilflich sein, Sprache und Wortwahl charakteristisch – entscheidend indessen sind Mimik, Gestik, Aussehen, ist ihre Art, sich zu geben.[76]

Nicht zum „Volk" gehören jene Schichten, die eine gute Kinderstube hatten, die „erzogen" sind, die „Umgangsformen" haben.[77] Der Begriff der Kultur ist hier soziologisch noch unmittelbar relevant. Denn die gute Kinderstube, die Erziehung schlägt sich bei dem einzelnen keineswegs immer nieder in einer entsprechenden Ausbildung, in einem qualifizierten Beruf, in finanzieller Sicherheit oder in der Beschlagenheit auf wissenschaftlichem oder künstlerischem Gebiet; es genügt, daß der Vater Beamter, Bankangestellter, Unternehmer o. ä. ist, die Mutter aus gutem Hause kommt … Ja, es macht vielleicht den Kern der Krise der portugiesischen Entwicklung aus, daß Bildung und Ausbildung nur allzu unzureichend zusammenfanden; daß bestimmte Umfangsformen gleichsam zum Selbstzweck wurden – faßbar im Lebensstil, im Umgang miteinander, im Hausbau, in Möbeln, Bildern, im Kunsthandwerk u. a. m., doch losgelöst von geistigem Schaffen und einer für die Weiterentwicklung des Landes produktiven Tätigkeit.

Aber wir haben damit vorgegriffen. Kehren wir zum „Volk" zurück, jener soziologischen Einheit, die in Mitteleuropa seit der Zeit des Ersten Weltkriegs immer weniger zu finden war und gerade deswegen romantisierend herbeigesehnt oder ideologisch-politisch verfälscht beschworen wurde. In Portugal gibt es noch das „Volk" – dem erst in den letzten Jahren die „Masse" Konkurrenz macht.[78] Sitten und Gebräuche sind auf dem Land und selbst in den kleineren und mittleren Städten bei den Älteren noch verhältnismäßig lebendig. Erst die mittlere Generation und vor allem die Jugend beginnt, sie in Frage zu stellen – allerdings heftig. Gegenseitiges Verständnis, erwachsen aus jahrhundertelangem Gemeinschaftsleben mit wenig veränderten Formen, ist vor allem in Dorf und Kleinstadt nach wie vor spürbar; Zusammengehörigkeitsgefühl und Hilfe in Notfällen sind selbstverständlich, der Glaube an den letztlich unwandelbaren und daher kaum zu beeinflussenden gleichförmigen Gang des Lebens Grundstimmung. Erst in den letzten Jahren setzt auch hier ein massiver Modernisierungsprozeß ein.

Wie kaum ein anderes „Volk" heute in Europa scheint das portugiesische „konservativ", insbesondere natürlich die Landbevölkerung. Was der Vater, der Großvater gemacht hat, gilt als Norm; erst allmählich gelingt es, zu neuen Experimenten zu ermuntern bzw. zwingen die sich ändernden wirtschaftlichen und sozialen Lebensbedingungen zu neuen Experimenten.

Dieses „Volk" hat einen Schatz praktischer Lebensweisheit gesammelt, mit dem sich jeder fortschrittsgläubige Apostel auseinanderzusetzen hätte, ehe er seine Ideologien zurechtzimmert. Das portugiesische „Volk" ist äußerst gewitzt, hat in seinem Lebensumkreis durchweg ein sehr vernünftiges Urteilsvermögen,[79] weiß die Menschen geschickt zu nehmen und einzuschätzen, verfügt über eine rasche Auffassungsgabe und meistert die verschiedensten – auch neuen – Lebenslagen als Künstler geschickter Improvisation und erfinderischer Gestaltungsfreude. Leider hat das Land ihm bisher wenig Chancen gegeben, seine Gaben weiterzuentwickeln.

Auch das gemeinhin bekannte Mißtrauen des „Volks" findet sich hier: gegenüber Neuerungen, Theorien, dem Handelspartner; in finanziellen und rechtlichen Angelegenheiten gegenüber der Bürokratie, dem Staat; im religiösen Bereich häufig gegenüber dem Geistlichen. Das portugiesische (und auch das nordportugiesische) „Volk" ist keineswegs so kirchengläubig, wie viele Städter und Ausländer zu

glauben scheinen. Es unterscheidet religiöse Maximen und Gebräuche, die es in vielen Landstrichen nach wie vor sehr respektiert,
von Anschauungen und Interpretationen des einzelnen Priesters.[80] In
der Tat sitzt dieses Mißtrauen in bestimmten Provinzen, etwa im
Minho, derart tief, gehört derart fest zum Kern des Menschen, daß
man oft noch nach jahrelangem Umgang mit den Personen nicht weiß,
woran man bei ihnen ist. Doch nur bei wenigen Portugiesen ist dieser
Zug dominierend.

Dieses „Volk" ist arbeitsam, ungemein zäh im Widerstand gegen
Unbilden und im Beharren auf einmal eingeschlagenen Wegen, anerkennend und stolz bei überzeugender Leistung, gastfreundlich und
bereit zu Opfern, wenn es ihren Sinn einsieht, eine Bereitschaft übrigens, die mit der wirtschaftlichen Besserstellung eher abzunehmen
scheint. Sein vielleicht charakteristischer Zug ist indessen, wie bereits
angedeutet, wohl die *humildade* – ein schwer zu übersetzender Terminus. Nicht so sehr Demut, wie in den Wörterbüchern meistens ver-
merkt, Verehrung und Achtung des Heiligen – obwohl auch davon
etwas in der portugiesischen *humildade* steckt. Vielmehr eine natürliche Bescheidenheit; eine halb instinktive, halb bewußte Hinnahme
von Schicksalsschlägen, aber auch menschlicher Macht, sozialer Gegebenheiten, natürlicher Bedingungen und Bedingtheiten. Eine Epi-
sode mag dies veranschaulichen. Zehn Leute aus dem Volk stehen in
einem Geschäft und warten. Ein elfter tritt forsch herein und drängt
sich vor. Neun lassen es geschehen; einer reagiert: „Wir waren eher
hier." Der Eindringling schimpft – und mehrere sagen zu dem, der sich
wehrte: „Lassen Sie es gut sein, es lohnt nicht." – Christliche Tugend
verbindet sich hier vielleicht mit angeborener Scheu vor harter Auseinandersetzung, mit einem instinktiv-verständnisvollen Blick „von
außen" auf die Häßlichkeit des „Lebenskampfes" und auch mit einem
anderen Zeitbegriff.[81]

Viele Regierungen und zeitweise auch die Kirche haben diesen
Grundzug des portugiesischen „Volks" schamlos ausgenutzt und zu
ihrer Rechtfertigung einen degradierten Demutsbegriff gepredigt, der
von christlicher Tugend in der Praxis nichts wissen wollte und auf
Dienerei setzte.[82]

In diesem Zug unterscheiden sich übrigens die einzelnen Provinzen
voneinander. Im Alentejo ist davon weniger zu spüren, im Minho besonders viel. Insgesamt jedoch gibt gerade die *humildade* dem portugiesischen Volk als ganzem eine liebens-würdig-bescheidene, eine
herzliche Note, die es von den Spaniern ebenso wie von den Mitteleuropäern, den Engländern oder Skandinaviern abhebt.

Fühlt sich das „Volk" allerdings in seinen Grundanschauungen und Ehrbegriffen gekränkt, ist es zu geradezu mittelalterlich-virulenten Reaktionen fähig.[83] Auch darf man über die *humildade* den Stolz nicht vergessen, der zu seinem Wesen gehört. Er kann sich in einer Flucht nach innen äußern, so daß die verletzte Person sich abseits hält, nicht mehr reagiert ... – dies ist wohl die typische Reaktion (im Gegensatz zu der des eher hochfahrenden Spaniers) –, in Blicken und Gesten der Verachtung oder Zurückweisung oder, im Extremfall, in den erwähnten virulenten Reaktionen.

Das portugiesische „Volk" hat nicht gelernt, seine reiche und nuancierte praktische Intelligenz zu begrifflichem Ausdrucks- und Unterscheidungsvermögen weiterzuentwickeln. Es ist allem Abstrakten, Begrifflichen gegenüber nicht nur mißtrauisch, sondern auch wehrlos. – Hält ein Wissenschaftler, Künstler oder Politiker eine Rede, die in dieser Hinsicht anspruchsvoll ist, achtet das „Volk" weniger auf den Begriffsapparat als auf den Menschen. *Ele fala bem*, mag das Urteil sein, und das kann zugleich heißen: „Er weiß sich gut auszudrücken" und: „Er ist ein prätentiöser Schwätzer" – zwei Bedeutungen, die sich im Kommentar des „Volks" nicht selten ungeschieden überlagern. Daneben findet man indessen – das ist sehr zu betonen – im „Volk" wie in allen anderen Schichten sehr verbreitet den Schlaubergertyp: wenn Menschen dieses Schlages mit wichtigtuerischer Miene zu nicht nur politisierender Diskussion um die Lösung der Welt- und Lebensrätsel ansetzen, kommt jedem – nicht selten den Beteiligten selbst – nur zu leicht ein halb ernstes, halb ironisches Lächeln auf die Lippen.

Treffen die bisher genannten Eigenschaften am stärksten auf die Landbevölkerung zu, so ist der Arbeiter nicht grundsätzlich anders. Auch soziologisch gehen die drei Hauptgruppen der unteren Bevölkerungsschicht – Bauern, Arbeiter und (die niederen) Gehaltsempfänger – ineinander über. Eine eigentliche Arbeiterklasse gibt es erst seit sehr kurzer Zeit, und auch nur in und um Lissabon (Großraum Lissabon), im Raum Aveiro–Porto–Póvoa und verstreut in einigen anderen, weitaus kleineren Industriezentren. Eine große Zahl der portugiesischen Arbeiter hat im übrigen nebenher ein kleines Anwesen auf dem Land, arbeitet (mit der Familie) auf einem Hof, treibt ein wenig Handel oder hat sonst einen Nebenerwerb – im Norden mehr als im Süden.[84] Ähnliches gilt für die niederen Gehaltsempfänger, die einen großen Teil des portugiesischen „Volks" ausmachen. Kein Wunder also, daß es eine eigentliche Arbeiter- und Angestelltenmentalität nur in begrenztem Maße gibt, im übrigen auch mit einer Verschiebung von

Norden nach Süden und von den kleinen zu den größeren Städten. Allerdings ist auch in diesem Punkt – der naturgemäß seine Vor- wie seine Nachteile hat – in den letzten Jahren einiges in Fluß gekommen.

Zähigkeit, Gewitztheit, rasches Auffassungsvermögen und Improvisationsgabe können sich bei Teilen der Arbeiterschaft mit Ideologien und Forderungen verbinden, dann aber auch zu Verdächtigungen und zu einer Aggressivität gegen alles, was „oben" ist, zu einer in kritischen Situationen u. U. explosiven Mischung führen[85]. Doch halten bei der großen Mehrheit die *humildade*, ein gesunder Menschenverstand und der natürliche Anstand die Explosivität in Grenzen. Der mehr oder weniger haßerfüllte „Reindivicator" (d. h. derjenige, der, voller Ressentiments, überall „Forderungen stellt") wird als unangenehmer Außenseiter empfunden. Selbst in den Großstädten Lissabon und Porto zeigen Volksfeste wie die des heiligen Antonius oder des heiligen Johannes, wie sehr Herzlichkeit und Natürlichkeit das „Volk" insgesamt prägen.

Auch die niederen Handeltreibenden zählten zum „Volk". Hier sind Gewitztheit und rasches, geschicktes Operieren noch stärker ausgeprägt, findet die Gesprächsfreude zusätzliche Rechtfertigung durch berufliche Notwendigkeit oder Nützlichkeit, werden Improvisation und Erfindungsgabe vom natürlichen Egoismus beflügelt. Wer Gelegenheit hat zu beobachten, wie ein portugiesischer Bauer einem Händler ein Faß Wein verkauft, kann wesentliche Unterschiede zur mitteleuropäischen Mentalität studieren. Natürlich geht es dabei jeder Partei um einen günstigen Preis. Doch nicht weniger stark geht es darum, den anderen durch gewandtes Argumentieren zu „besiegen". Nirgends vielleicht findet sich das agonale Element bei den Portugiesen so stark entwickelt wie im Handel. Eine solche „Verhandlung" kann einen ganzen Nachmittag dauern. Das Wohlbefinden von Familie, Freunden und Bekannten, Wetter und Perspektiven der nächsten Ernte – alles wird umständlich erörtert und kommentiert, und doch kehrt der Gesprächsfaden wie von selbst an den Punkt zurück, auf den es ankommt: gegen den anderen zu „gewinnen".

Segunda-, terça-, quarta- ... feira sagen die Portugiesen für Montag, Dienstag, Mittwoch ...: das Wort *feira*, heute soviel wie „Messe" oder „Markt", bezeichnete ursprünglich jenen Markt vor der Kirche, der, besonders an Sonn- und Feiertagen, die Menschen der Umgebung vereinte und auf dem Privates wie Öffentliches, Geschäftliches wie Allgemeines „verhandelt" wurde.[86] Für den Portugiesen ist das Leben auch eine „Verhandlung" in diesem Sinn. Macht etwa ein Ausländer dem Bauern oder Händler ohne jedes Gespräch ein günstiges Angebot, wird dieser wohl darauf eingehen, den Ausländer und sein Vorgehen aber als abgeschmackt empfinden.

Ein beliebter Ort sowohl geschäftlicher als auch gesellschaftlicher und politischer Unterhaltungen sind nach wie vor auch bestimmte *cafés*.[87]

„Wissen ist Macht" – dies läßt sich auch am portugiesischen Sozialgefüge mühelos verifizieren. Der Händler ist dem Bauern wie dem Arbeiter durch Information, Meinungsaustausch, Redegewandtheit und vor allem durch seine Beziehungen meist überlegen. Diese Überlegenheit drückt sich neben hier nicht weiter zu verfolgenden externen und internen ökonomischen Gründen in der portugiesischen Gesellschaft durch einen besonders starken Einfluß des Handels auf die gesamte Preisstruktur aus. Ein Bauer mag mit viel Mühen und Kosten einen Obstgarten anlegen, von Sonnenaufgang bis Sonnenuntergang arbeiten. Solange er seine Äpfel für 40 Pfennig das Kilo verkauft,[88] der Händler dieselben Äpfel aber für zwei Mark schon in der nächsten Kleinstadt feilbietet, wird er immer stark benachteiligt bleiben. Keiner Regierung ist es bis heute gelungen, dieses Mißverhältnis, das auch in anderen Ländern herrscht, wenn auch nicht so kraß[89], zu beseitigen oder wenigstens stärker einzuschränken. Portugal ist ganz wesentlich ein Handelsvolk. Die portugiesischen Kolonien waren durchweg Handels-, keine Entwicklungskolonien.[90] Portugiesische Kaufleute lösten die Venezianer ab in der Entwicklung internationaler Handelsbeziehungen. Der Handel mit seinen Kolonien hat das Mutterland jahrhundertelang bereichert, aber auch die Produktivität und Entwicklung neuer Methoden in Landwirtschaft und Industrie verhindert und damit auch einer kontinuierlichen soziologischen Anpassung an neue Gegebenheiten den Boden entzogen, ganz abgesehen davon, daß am „Außenhandel" immer nur bestimmte Kreise verdienten; der großen Mehrheit der Bevölkerung brachte dieser Handel durch die Verzerrung der Preisstruktur lange Epochen hindurch eher Nach- als Vorteile: im großen Maßstab haben wir hier dasselbe Mißverhältnis, das wir oben anhand des Beispiels vom Bauern und dem Aufkäufer seiner Äpfel im kleinen skizziert haben.[91]

Eine ähnliche Rolle wie der Handel mit den Kolonien und den Ländern, in die die Waren transportiert wurden, haben in jüngster Zeit die Geldüberweisungen der Emigranten und der Tourismus gespielt.[92] Wenn es zu einer guten Regierung gehört, Gegengewichte gegen zu einseitige Tendenzen in einem Volk zu schaffen, ist es für die portugiesische Regierung – gleich, welcher Ideologie sie sich verschreiben mag – eine vordringliche Aufgabe, dem natürlichen Handelsgeist die Forderung nach Produktivität auf allen Gebieten entgegenzusetzen.[93]

Die oben angegebene Grenzlinie zwischen dem „Volk" und dem „Nicht-Volk" verläuft mitten durch Handel und Industrie, auf einer nur schwer anzugebenden Linie, da, wie gesagt, die finanzielle Lage des einzelnen nicht der einzige Maßstab ist. Die Portugiesen sprechen, wenn sie die Oberschicht meinen und die Familien des „Nicht-Volkes" im Auge haben, die sie besonders achten, von den *boas famílias*. Dabei kann es sich um Adelige handeln – Vertreter des hohen wie des niederen Adels –, um Industrielle, um Angehörige angesehener Handelshäuser, um Ärzte, Juristen, Universitätslehrer, Schriftsteller, Künstler oder auch um Menschen, die aufgrund mangelnder Begabung, mangelnden Leistungswillens oder mangelnder Gelegenheiten mit einer mittelmäßigen Stelle in der Verwaltung oder in einem Unternehmen vorliebnehmen müssen, einen Hof verwalten o. ä. Entscheidend sind die Achtung eines gewissen Kodexes von Denk- und Lebensformen, auf die man im Privat- und Geschäftsleben rechnen kann, ein gewisser Sinn für „kulturelle" Werte und, vor allem, die Herkunft. Diese *boas famílias* – in Porto vielleicht von größerer Bedeutung als in Lissabon – waren – und sind wohl weitgehend noch – ein stärkeres Bindeglied als die Berufsgruppen. Auch hier steckt Portugal zur Zeit im Übergang von der vorindustriellen zur industriellen Gesellschaft – vielleicht liegt darin aber auch eine an die Mentalität gebundene Akzentverschiebung im Verhältnis zu Mitteleuropa.[94] Herkunft, Erziehung, menschliche, charakterliche Merkmale wiegen stärker als Ausbildung und Leistungsziele.

Über diesen Familien stehen – oder standen – die wenigen, die wirklich reich sind: jene dünne, Luxus als Selbstverständlichkeit empfindende spätbürgerliche Oberschicht, die man aus anderen europäischen Ländern eher aus dem späten 19. Jahrhundert kennt.

Der *boa família* steht die *família bem* gegenüber – jene Familie, die ihrer Herkunft oder Qualität nach keine „gute" Familie darstellt, aber Anspruch darauf erhebt. Als soziale Klasse gehört sie im Grunde zu den „fats", die die Literatur zu allen Zeiten aufs Korn genommen hat; ernstzunehmenden Einfluß hat sie durch ihre Verbindung zu anderen Gruppen.

Die *famílias bem* imitieren die *boas famílias* in Kleidung, im Mobiliar, in ihren Sitten, in der Art, sich auszudrücken; auf den ersten Blick sind beide schwer zu unterscheiden. Doch in dem seit Generationen durchgestalteten, nie radikal veränderten Sozialgefüge Portugals erkennen sowohl das „Volk" als auch die *boas famílias* die *famílias bem*

an einem gewissen Mangel an Echtheit, an Kleinigkeiten. Mit dem
Mann aus dem Volk spricht ein Angehöriger der *família bem* häufig
nicht ohne eine gewisse Herablassung – ganz im Gegensatz zu einem
aus den *boas famílias* –, und selbst, wenn es die finanzielle Lage erfor-
derte, akzeptierte er noch lange nicht jede Arbeit: wäre er frei von
jeder Prätention, würde es ihn nicht mehr geben.[95]

Mit dem finanziellen Aufschwung der letzten Jahre verbreitete sich
die Haltung – Verwöhntheit – der *família bem* auch in einem beträcht-
lichen Teil des plötzlich zu Geld gekommenen „Volks".

Da sich das „Volk" nur mit Mühe begrifflich zu äußern vermag und
scharfe Auseinandersetzungen meidet; da die Spezialisten nicht über
den Tellerrand ihres Fachs hinausschauen; da weder die geisteswissen-
schaftlichen Disziplinen der Universitäten noch die Schriftsteller- und
Künstlergruppen genügend Vertreter hervorbringen, die in der Lage
wären, Probleme, die das ganze Land betreffen, mit der gebotenen
Sachkenntnis und Allgemeinverständlichkeit darzustellen und da
schließlich das geistige Leben in Portugal das „Volk" kaum erreicht,
fällt den „Halbgebildeten" – besonders in Politik und Medien – ein
Einfluß zu, der ungleich größer scheint als in anderen Ländern, wo
solche Leute ebenfalls mehr das Sagen haben als sie zu sagen haben.
Das „Volk" – und nicht nur dieses – wird in Portugal wohl noch mehr
als andernorts manchmal regelrecht zer-redet.[96]

Von besonderem Nachteil für das Land ist seit Beginn der Neuzeit
die starke Kluft zwischen dem „Volk" und den übrigen Bevölkerungsschichten. Dazu kommt in Zeiten sozialer Spannungen ein gewisses
Mißtrauen. Man wird auch hier abwarten müssen, inwieweit die rasch
fortschreitende Ökonomisierung aller Lebensverhältnisse, der Zwang
zu einer stärkeren technologischen Ausrichtung in allen Berufssparten und die Unterminierung der klassisch-bürgerlichen Lebensgrundlagen diese Kluft überwindet.[97] Ebenso betrifft dies die weitge-
hende Ersetzung eines großen Teils des Kleinbürgertums – vor allem
auch der Selbständigen – wie auch eines beachtlichen Teils des Mittelstandes durch den Arbeiter und Angestellten und die Übernahme
neuer Lebensformen insbesondere durch die Jugend. Es könnte ja
auch sein, daß statt dessen eine andere Kluft erzeugt wird, welche an
der Abhängigkeit Portugals von den internationalen Verflechtungen
und an der Spaltung des Landes in eine kleine Schicht, die von diesen
Verflechtungen profitiert, und eine große Mehrheit, die an den Kehr-
seiten dieser Entwicklung zu leiden hat, wenig ändert. Vor allem aber
bleibt damit auch abzuwarten, ob das, was im besten Sinn „national"
gesinnte portugiesische Autoren immer wieder als *estrangeirismo* – als

„Überfremdung durch ausländisches Gedankengut" – bezeichnet haben, durch eine Angleichung der Lebensmodelle und Lebensgrundlagen in den größeren europäischen Ländern auf der einen und in Portugal auf der anderen Seite überwunden wird, das heißt, um mit Fernando Pessoa zu sprechen, ob Portugal an der Herausbildung einer neuen, modernen „höheren Kultur" in ernstzunehmendem Maße beteiligt sein wird oder nicht.

DIE SEELISCHE PHYSIOGNOMIE

O Portugués é um misto de sonhador e de homem de accão, ou, melhor, é um sonhador activo, a que não falta certo fundo práctico e realista. A actividade portuguesa não tem raízes na vontade fria, mas alimenta-se da imaginação, do sonho, porque o Português é mais idealista, emotivo e imaginativo do que homem de reflexão. Compartilha com o Espanhol o desprezo fidalgo pelo interesse mesquinho, pelo utilitarismo puro e pelo conforto, assim como o gosto paradoxal pela ostentação de riqueza e pelo luxo. Mas não tem, como aquele, um forte ideal abstracto, nem acentuada tendência mística. O Português é, sobretudo, profundamente humano, sensível, amoroso e bondoso, sem ser fraco. Não gosta de fazer sofrer e evita conflitos, mas, ferido no seu orgulho, pode ser violento e cruel. A religiosidade apresenta o mesmo fundo humano peculiar ao Português. Não tem o caracter abstracto, místico ou trágico da Espanhola, mas possui uma forte crença no milagre e nas soluções milagrosas.

Há no Português uma enorme capacidade de adaptação a todas as coisas, ideias e seres, sem que isso implique perda de carácter.

O Português tem vivo sentimento da natureza e um fundo poético e contemplativo estático diferente do dos outros povos latinos. Falta-lhe também a exuberância e a alegria espontânea e ruidosa dos povos mediteráneos. É mais inibido que os outros meridionais pelo grande sentimento do ridículo e do medo da opinião alheia. ...

Der Portugiese ist eine Mischung aus einem Träumer und einem Mann der Aktion, oder besser, er ist ein aktiver Träumer, dem ein gewisser praktischer und realistischer Sinn nicht abgeht. Die portugiesische Aktivität hat ihre Wurzeln nicht in einem nüchternen Willen; sie zieht vielmehr ihre Kraft aus der Imagination, dem Traum, denn der Portugiese ist eher idealistisch, gefühlsbetont, imaginativ als ein Mann der Reflexion. Mit dem Spanier teilt er die ritterliche Verachtung der kleinlichen Interessen, des Utilitarismus um seiner selbst willen, des Komforts und paradoxerweise ebenso das Bedürfnis, Reichtum und Luxus zur Schau zu stellen. Im Gegensatz zu jenem aber hat er kein starkes abstraktes Ideal und keine ausgeprägte mystische Tendenz. Der Portugiese ist vor allem zutiefst human, sensibel, liebevoll und gütig, ohne schwach zu sein. Er fügt anderen nicht gern Leid zu und vermeidet Konflikte, aber wenn er in seinem Stolz getroffen ist, kann er gewalttätig und grausam sein. Die Religiosität zeigt denselben humanen Grundzug, der den Portugiesen auszeichnet. Sie hat keinen abstrakten, mystischen oder tragischen Charakter, wie die des Spaniers, sondern zeugt von einem starken Glauben an Wunder und durch Wunder bewirkte Lösungen.

Der Portugiese besitzt eine enorme Anpassungsfähigkeit an alle Dinge, Ideen und Lebewesen, ohne daß dies zu einem Verlust seines Charakters führen würde.

Der Portugiese hat ein stark ausgeprägtes Naturgefühl und einen poetischen und statisch-kontemplativen Fundus, der ihn von den anderen romanischen Völkern unterscheidet. Auch fehlt ihm die Überschwenglichkeit und die spontane und laut geäußerte Freude der Mittelmeervölker. Stärker als die anderen Südländer ist er gehemmt durch ein ausgeprägtes Gefühl für das Lächerliche und die Furcht vor der Meinung der anderen. ...

No momento em que o Português é chamado a desempenhar qualquer papél importante, poē em jogo todas as suas qualidades de acção, abnegação, sacrifício e coragem e cumpre como poucos. Mas se o chamam a desempenhar um papél medíocre, que não satisfaz a sua imaginação, esmorece e só caminha na medida em que a conservação da existência o impele. Não sabe viver sem sonho e sem glória. – Esta maneira de ser torna particularmente difícil a tarefa dos governantes, sobretudo em períodos históricos em que as circunstâncias não permitem desempenhar uma acção que lhes agrade e desencadeie as energias.

Nas épocas extraordinárias, quando acontecimentos históricos puseram à prova o valor do povo, ou lhe abriram perspectivas novas, que o encheram de esperança, então brotaram por si, naturalmente, as melhoras obras do seu gênio. Porém, nos períodos de estagnamento nasce a apatia do espírito, a relutância contra a mediana, a crítica acerba contra o que não está àquela altura a que se aspira, ou cai-se na saudade negativa, espécie de profunda melancolia. ... Nunca soubemos separar o sonho da realidade. ...

Além disso, o desprezo pelo interesse mesquinho e o gosto pela ostentação e pelo luxo nunca nos permitiram o aproveitamento eficaz das grandes fontes de riqueza exploradas. ... o nosso luxo ... é mero produto da imaginação, e não dos sentidos. ...

O espírito português é avesso às grandes abstrações, às grandes ideias que ultrapassam o sentido humano. A prova disso está na falta de grandes filósofos e de grandes místicos. Nem compartilha do racionalismo mediterrâneo, da luminosidade greco-latina, nem da abstração francesa, de grandes linhas puras, nem do arrebatamento místico espanhol. Em vez das grandes catedrais góticas da França e da Espanha, ou dos templos clássicos da renascença italiana, que não sentia, o Português acabou por criar um estilo próprio, onde a sua religiosidade típica melhor se exprime: o manuelino.

Foi no clima de exaltação dos descobrimentos marítimos que os elementos psíquicos díspares da população portuguesa se fundiram e alcançaram as suas expressões mais elevadas. ... O Atlântico venceu. Os Portugueses lançaram-se na grande aventura e desviam a civilização do mediterrâneo para o atlântico, mudando o curso à história universal.

Verlangt man von dem Portugiesen, irgendeine wichtige Aufgabe zu übernehmen, setzt er alle seine Fähigkeiten zur Aktion, zur Entsagung, zum Opfer, all seinen Mut drein und erfüllt seine Pflicht wie wenige andere. Aber wenn er dazu aufgerufen ist, eine untergeordnete Rolle zu spielen, die seiner Imagination nicht genügt, läßt er den Mut sinken und hält lediglich einen Rhythmus ein, zu dem ihn die Erhaltung des Lebens antreibt. Er kann nicht leben ohne Träume und ohne Ruhm. – Diese Eigenart erschwert insbesondere die Aufgaben der Regierenden, vor allem in historischen Epochen, in denen es die Umstände nicht gestatten, Aufgaben zu erfüllen, die zusagen und Energien freisetzen.

In den außergewöhnlichen Epochen, wenn historische Ereignisse den Wert des Volks auf die Probe stellten oder ihm neue Perspektiven eröffneten, die es mit Hoffnung erfüllten, schuf sein Genius spontan und ganz natürlich die besten Werke. In Perioden der Stagnation indessen zeigt es geistige Apathie, Widerstreben gegen das Mittelmaß, ätzende Kritik gegen das, was nicht auf der Höhe steht, die es ersehnt, oder verfällt der negativen «saudade», einer Art profunder Melancholie. . . . Wir haben es nie verstanden, den Traum von der Wirklichkeit zu trennen. . . .

Außerdem gestatteten es uns die Verachtung kleinlicher Interessen und das Bedürfnis nach übertriebenem Aufwand und nach Luxus nie, die großen Quellen des Reichtums, die uns zugute kamen, wirksam zu nutzen. . . . Unser Luxus . . . ist nur Ergebnis der Imagination und nicht der Sinne. . . .

Der portugiesische Geist ist den großen Abstraktionen, den großen Ideen, die das Maß des Menschlichen überschreiten, abgeneigt. Der Beweis dafür ist der Mangel an großen Philosophen und an großen Mystikern. Er nimmt weder an dem Rationalismus der Mittelmeerländer teil, an der Helle des griechisch-römischen Geistes, noch an der französischen Abstraktion, dem Sinn für große und reine Linien, noch an dem feurigen mystischen Geist des Spaniers. An Stelle der großen französischen und spanischen gotischen Dome oder der vom klassischen Geist geprägten Kirchen der italienischen Renaissance – die er nicht fühlte – schuf sich der Portugiese schließlich einen eigenen Stil, in dem sich seine spezifische Religiosität besser ausdrückt: den manuelinischen.

In dem Klima der hochgestimmten Gefühle der Entdeckungsfahrten über die Meere verschmolzen die unterschiedlichen psychischen Anlagen der portugiesischen Bevölkerung und gewannen ihren höchsten Ausdruck. . . . Der Atlantik behielt die Oberhand. Die Portugiesen wagten sich an das große Abenteuer und verlegten die Zivilisation vom Mittelmeer an den Atlantik – und änderten damit den Lauf der Weltgeschichte.

*De facto, a actividade portuguesa é de tipo físico, embora seja deter-
minada pela imaginação, mas há qualquer coisa de estático na emoção
portuguesa. O fundo contemplativo da alma lusitana compraz-se na
repetição ou na imobilidade da imagem.*

*A tendência a apôr-se a tudo que se lhe não apresente com carácter
humano, obriga-o a lutar contra as leis ou organisações gerais. Detesta
o impessoal e o abstracto e poë em cima de tudo as relações humanas.
O seu fundo humano torna-o extraordinàriamente solidàrio com os vi-
zinhos, e em poucas regiões da Europa existirá ainda vivo como em
Portugal o espírito comunitário e de auxílio mútuo. Mas qualquer organização geral que limite as liberdades individuais produz imediata-
mente um movimento de reacção em que todos são solidários. . . .*

*É a sobreposição dos valores humanos ao lucro e ao utilitário que ex-
plica muitas formas da sociedade actual. Tal mentalidade é a negação
do espírito capitalista. . . . O Português gosta de fazer projectos vagos,
castelos no ar que não pensa realizar. Mas no seu íntimo alberga uma
certa esperança de que coisas acontecem milagrosamente. Esta forte
crença no milagre, cujo aspecto mais grosseiro é a enorme populari-
dade do jogo da lotaria, chega a tomar aspectos curiosos, dos quais so-
bressai o* sebastianismo. *Todos esperavam que o rei D. Sebastião,
morto em África, surgisse numa manhã de nevoeiro montado no seu ca-
valo de guerra. A crença viva é decidamente uma força, mas, quando
toma aspectos irracionais e supersticiosos, pode ser uma fraqueza. Um
dos aspectos maus e muito correntes é a crença na sorte: „fulano tem
sorte" e „eu não tenho sorte" servem para diminuir as qualidades dos
outros e justificar a própria incapacidade.*

*A imaginaçao sonhadora, a antipatia pela limitação que a razão
impõe e a crença milagreira levam-no com frequência a situações peri-
gosas, de que se salva pela invulgar capacidade de improvisação de que
é dotado. Quando se aproxima a catástrofe, abrem-se-lhe os olhos da
razão, e então é capaz de desenvolver tal energia e agir com tal
eficiência que a isso que se poderia chamar milagre. O facto de se repe-
tirem tais situações deve explicar-se pela confiança que o português tem*

Die portugiesische Aktivität ist in der Tat physischer Natur, wenn sie auch von der Imagination bestimmt ist; aber in der portugiesischen Art zu fühlen gibt es etwas Statisches. Die kontemplative Wurzel der lusitanischen Seele gefällt sich in der Wiederholung oder in der Fixiertheit des Bildes.

Die Tendenz, sich allem zu widersetzen, was ihm nicht mit einem humanen Charakter gegenübertritt, zwingt ihn, gegen die Gesetze und die allgemeinen Organisationen anzukämpfen. Er verabscheut das Unpersönliche und das Abstrakte und stellt die menschlichen Beziehungen über alles. Sein humaner Grundzug läßt ihn den Mitmenschen gegenüber außerordentlich solidarisch sein, und in wenigen Gegenden Europas dürfte der Gemeinschaftssinn, die Bereitschaft zu gegenseitiger Hilfe noch so lebendig sein wie in Portugal. Aber jedwede allgemeine Organisation ruft sogleich eine Gegenbewegung hervor, in der alle solidarisch sind. ...

Die Tatsache, daß menschliche Werte dem Verdienst und dem Nutzen übergeordnet werden, erklärt viele Charakteristika der heutigen portugiesischen Gesellschaft. Eine solche Mentalität ist die Negation des kapitalistischen Geistes. ... Der Portugiese gefällt sich darin, vage Projekte zu machen, Luftschlösser zu bauen – Projekte, die er nicht zu realisieren gedenkt. Aber in seinem Innern hegt er eine gewisse Hoffnung, daß die Dinge durch irgendein Wunder doch geschehen. Dieser starke Glaube ans Wunder, dessen plumpste Äußerungsform die außerordentliche Beliebtheit des Lotteriespiels ist, nimmt ausgesprochen seltsame Formen an, unter denen der Sebastianismus hervorsticht. Alle hofften, der in Afrika gefallene König Dom Sebastião würde an einem nebeligen Morgen auf seinem Kriegsroß wiedererscheinen. Dieser lebendige Glaube ist ohne Zweifel eine Kraft, aber wenn er irrationale und abergläubische Züge annimmt, kann er eine Schwäche sein. Eine der negativen, sehr verbreiteten Erscheinungsformen ist der Glaube an das Glück: „Herr Soundso hat Glück" und „Ich habe kein Glück" dienten dazu, die Qualitäten der anderen herabzusetzen und die eigene Unfähigkeit zu rechtfertigen.

Die träumerische Imagination, der Widerwille gegen die Beschränkung, die die Vernunft fordert, und der Wunderglaube führen ihn häufig in gefährliche Situationen, aus denen er sich durch seine ungewöhnliche Fähigkeit zur Improvisation rettet. Wenn sich die Katastrophe nähert, gehen ihm die Augen auf, folgt er der Vernunft, und dann ist er imstande, eine derartige Energie zu entwickeln, derart effektiv zu operieren, daß man das ein Wunder nennen könnte. Die Tatsache, daß sich solche Situationen wiederholen, dürfte durch das Vertrauen zu erklären

na facilidade das soluções da última hora. Nesses momentos a sua inte-
ligência viva, a enorme capacidade de adaptação a todas as circunstân-
cias e o jeito para tudo permitem-lhe dominar as situações com êxito.

O Português, muito intimamente, é incapaz de ambicionar para a sua
pátria o bem-estar e a prosperidade que, por exemplo, o suiço conse-
guiu pelo esforço pertinaz e constante. É certo que o Português se enver-
gonha perante um suiço, pelo elevado nível de vida que aquele soube
conquistar, mas se fosse ele o suiço, envergonhar-se-ia da mesma ma-
neira, por ter conseguido um bem-estar sem glória.

É um povo paradoxal e difícil de governar. Os seus defeitos podem
ser as suas virtudes e as suas virtudes os seus defeitos, conforme a égide
do momento. ...

... De facto, o Português tem um forte sentimento de individua-
lismos, que se não deve confundir com o de personalidade. Enquanto a
personalidade anglo-saxónica ou germânica não colide geralmente
com os interesses sociais e só preza a sua liberdade íntima, o Português,
da mesma maneira que o espanhol, tem uma forte ânsia de liberdade
individual, que muitas vezes é antisocial. ...

... O Português é menos exuberante, ruidoso e expansivo que os ou-
tros meridionais; um só espanhol, numa carruagem de comboio, abafa
com a sua voz a de todos os portugueses. Além disso, o Português é ini-
bido por um forte sentimento do ridículo. Como é muito sensível e do-
tado da faculdade de se aperceber do que vai nos outros, receia ser ví-
tima da ironia e da crítica trocista, tão comum em Portugal. De facto, a
ironia, muito mais do que humor, tem fundas raízes na cultura portu-
guesa; desde as cantigas de escárnio e maldizer da idade média até á
ironia de Eça de Queiroz há toda uma gama de coloridos. Temos a
ironia benévola de Gil Vicente, a mordente de Nicolau Tolentino e de
Bocage e a ironia pungente ou sarcástica de Fialho e de Camilo. Mas o
próprio povo, com as suas certeiras alcunhas e apelidos, ou com os
apodos tópicos, ou com os cantares ao desafio, etc. mostra a terrível
arma de que é dotado. Por isso, a sensibilidade, que é um dos grandes
elementos positivos da mentalidade portuguesa, é também um dos
grandes elementos da sua fraqueza. O sentimento do ridículo e o medo

sein, das der Portugiese in die Leichtigkeit von Lösungen in letzter Minute hat. In solchen Momenten ermöglichen es ihm seine aufgeweckte Intelligenz, die außergewöhnliche Anpassungsfähigkeit an die verschiedensten Umstände und das Geschick, mit dem er alles anpackt, die Lage mit Erfolg zu meistern.

Ganz in seinem Innern ist der Portugiese unfähig, für sein Vaterland den Wohlstand und die Prosperität zu ersehnen, die etwa der Schweizer durch seine zähe und ausdauernde Anstrengung erreicht hat. Es stimmt zwar, daß sich der Portugiese dem Schweizer gegenüber wegen des hohen Lebensstandards, den er sich zu erkämpfen wußte, schämt; aber wäre er selbst Schweizer, würde er sich genauso schämen, da er es zu einem ruhmlosen Wohlstand gebracht hätte.

Es ist ein paradoxes Volk, das schwer zu regieren ist. Seine Fehler können seine Tugenden sein und seine Tugenden seine Fehler, je nach der Konstellation des Augenblicks. . . .

. . . In der Tat besitzt der Portugiese einen stark ausgeprägten Individualismus, den man nicht mit dem Personalismus verwechseln darf. Während der angelsächsische oder germanische Personalismus im allgemeinen nicht mit den Interessen der Gesellschaft kollidiert und nur seine innere Freiheit hochhält, hat der Portugiese, ebenso wie der Spanier, ein starkes Bedürfnis nach individueller Freiheit, die häufig antisozial ist. . . .

. . . Der Portugiese ist weniger überschwenglich, weniger laut und weniger expansiv als die übrigen Mittelmeervölker. In einem Abteil eines Zuges erstickt ein einziger Spanier mit seiner Stimme die aller Portugiesen. Außerdem ist der Portugiese durch ein starkes Gefühl für das Lächerliche gehemmt. Da er sehr sensibel ist und fähig wahrzunehmen, was in den anderen vorgeht, fürchtet er, Opfer der Ironie und der spöttischen Kritik zu werden, die in Portugal so verbreitet sind. Die Ironie hat in der Tat viel stärker als der Humor tiefe Wurzeln in der portugiesischen Kultur; von den Schmäh- und Spottliedern des Mittelalters bis zur Ironie eines Eça de Queiroz gibt es eine ganze Skala ironischer Äußerungsformen. Wir haben die gutmütige Ironie Gil Vicentes, die ätzende eines Nicolau Tolentino und eines Bocage, die stechende oder sarkastische eines Fialho oder Camilo. Aber selbst das Volk zeigt mit seinen sicheren Spitznamen und Beinamen, mit seinen spöttischen Glossen, mit seinen „Herausforderungsliedern" usw. die furchterregende Waffe, die ihm von Natur zur Verfügung steht. Deshalb ist die Sensibilität, eines der stärksten positiven Elemente der portugiesischen Mentalität, auch eines der wichtigen Elemente, die seine Schwäche erklären. Das Gefühl für das Lächerliche und die Angst vor der Meinung der anderen er-

da opinião alheia abafam nele muitos impulsos generosos, deformam a sua naturalidade e impedem-no de se entregar livremente aos prazeres simples e à alegria espontânea. Nas classes populares tal sentimento é moderado, mas nas outras classes é tão saliente que se tornam com frequência ridículos pelo medo de o parecer. Tal sentimento complica-se pela consciência das glórias passadas, pelo desprezo paradoxal pelos valores burgueses e pela admiração pelas realizações alheias. ...

(Jorge Dias, *Os Elementos fundamentais da Cultura portuguesa*)

Quando buscamos alcançar os elementos primordiais duma tradição portuguesa, na vida e na arte, encontramo-nos, ao que supomos, com três virtudes básicas: a hombridade, a inquietação e a plasticidade amorável.

A hombridade ... não significa apenas independência, mas a consciência austera da dignidade humana e do valor do indivíduo ... plasticidade amorável ... dá ao espírito, exaltado pelo amor, uma capacidade eminentemente compreensiva, tanto para comunicar como para apreender ... o segredo desta plasticidade, juntamente irradiante e receptiva, plasmável, esconde-se na riqueza amorosa do Português, no seu dom de simpatia e comunicação cordial que lhe permite dar e receber, sem alterar o fundo próprio.

Entre a hombridade rígida do Hispano e a hombridade plástica do Português ... medeia a inquietação. Comum a todos os povos ibéricos ..., ela ganha uma tonalidade específica no Português. A inquietação portuguesa, predominante, é juntamente mais pragmática e mais sequiosa de espaço.

Eis o tipo do Portugués, considerado como padrão ideal, moldado pela terra, o gênero de vida e as andanças históricas, e visto nos seus traços mais fundos – hombridade, plasticidade e inquietação – módulo resistente do seu carácter.

Se analisarmos ainda hoje qualquer Português, nele encontramos, em combinações diversas, aquelas virtudes, aliadas por vezes aos defeitos das virtudes, quando não estes exclusivamente.

sticken bei ihm zahlreiche großherzige Impulse, entstellen seine Natür-
lichkeit und hindern es daran, sich den einfachen Vergnügen und der
spontanen Freude frei hinzugeben. In den verschiedenen Schichten des
„Volks" ist dies Gefühl gemäßigt, aber in den übrigen Klassen ist es
derart stark, daß sie sich häufig aus Furcht, lächerlich zu scheinen,
lächerlich machen. Komplizierter wird dies Gefühl noch durch das
Bewußtsein einer glorreichen Vergangenheit, durch die paradoxe Ver-
achtung bürgerlicher Werte und durch die Bewunderung fremder Lei-
stungen. . . . [98]

Wenn wir den Urelementen einer portugiesischen Tradition in Leben
und Kunst nachspüren, finden wir, so scheint uns, drei grundlegende
Eigenschaften: die kernige Männlichkeit, die Unruhe und die lieblich-
zarte Bildsamkeit.
   Die kernige Männlichkeit . . . bedeutet nicht nur Unabhängigkeit,
sondern das herbe Bewußtsein der menschlichen Würde und des Werts
des Individuums. . . . Lieblich-zarte Bildsamkeit . . . verleiht dem von
der Liebe beschwingten Geist eine außerordentliche Verständnisfähig-
keit, und zwar sowohl in der Mitteilung wie in der Aufnahme. . . . Das
Geheimnis dieser zugleich ausstrahlenden und aufnehmenden ge-
schmeidigen Bildsamkeit verbirgt sich in dem Reichtum an Liebe des
Portugiesen, in der Gabe der Sympathie und der herzlichen Mitteilsam-
keit, die es ihm erlaubt, zu geben und zu empfangen, ohne den eigenen
Wesenskern dabei zu verändern.
   Zwischen der hart-strengen Männlichkeit des Spaniers und der bild-
samen Männlichkeit des Portugiesen . . . vermittelt die Unruhe. Sie ist
allen iberischen Völkern gemeinsam . . ., nimmt indessen beim Portu-
giesen eine spezifische Färbung an. Die Unruhe, die beim Portugiesen
vorherrscht, ist pragmatischer und verlangt zugleich stärker nach
Raum.
   Dies ist der Typ des Portugiesen in seiner modellhaft-ideellen Fas-
sung, gestaltet von dem Land, der Lebensweise und den historischen
Zeitläuften und gesehen in seinen tiefsten Zügen – kernige Männlich-
keit, Bildsamkeit und Unruhe –, der allen Veränderungen widerste-
hende Kern seines Charakters.
   Analysieren wir heutzutage irgendeinen Portugiesen, finden wir in
ihm, in unterschiedlicher Mischung, diese Eigenschaften, manchmal
verknüpft mit den aus ihnen resultierenden Fehlern – wenn wir nicht nur
diese Fehler finden.

A hombridade ibérica degenera, com frequência, na exacerbação anárquica do eu, no individualismo feroz, na indisciplina, na soberba e no ponte de honra, na inveja e na maledicência ... A hombridade pode conduzir igualmente à intolerância fanática, afirmar-se com violência e crueldade. Se a hombridade é a fonte dos maiores defeitos do ibérico e, em especial, do Castelhano, seu representante mais directo, a plasticidade degenera no Português, em proporção maior, nos vícios correspondentes: a maleabilidade levada até à abjecção, à hipocrisia e ao conformismo sem limites. ... síntese raríssima, fruto duma evolução e experiência humana rica em contrastes, o Português descai fàcilmente, quando degenerado, a desiquilíbrios de um cómico inigualàvel. Nada mais ridículo do que ver e ouvir certos portuguesúnculos ... a quem a abdicação e o servilismo constantes atrofiaram a espinha, chamarem-se a si próprios de lusíadas, e reclamarem-se, perante o mundo divertido, como descendentes do Castro forte *e do* Albuquerque terribil. ...*

(JAIME CORTEZÃO, aus: *Portugal. A Terra e o Homem, Bd. II*)

*Die iberische Männlichkeit entartet häufig in eine anarchische Über-
steigerung des Ich, in einen wilden Individualismus, in Disziplinlosigkeit, in Hochmut und übersteigertes Ehrgefühl, in Neid und üble Nach-
rede. ... Die Männlichkeit kann ebenso zu fanatischer Intoleranz
führen und ihre Bestätigung in Gewalt und Grausamkeit suchen. Wenn
die kernige Männlichkeit die Quelle der größten Fehler des iberischen
Menschen und insbesondere des Kastiliers – des unmittelbarsten Repräsentanten des Iberers – ist, dann entartet beim Portugiesen die Bildsamkeit in größerem Ausmaß in die entsprechenden Fehler: in eine
Schmiegsamkeit, die bis zur Aufgabe seiner selbst, zur Heuchelei, zum
grenzenlosen Konformismus gehen kann. ... Bildet der Portugiese eine
höchst seltene Synthese, ein Ergebnis einer an Kontrasten reichen Entwicklung und menschlichen Erfahrung, dann verfällt er doch auch
leicht, wenn er degeneriert, in Unausgeglichenheiten von unvergleichli-
cher Komik. Nichts lächerlicher als gewisse Portugiesen in Kleinformat
zu sehen und zu hören – Menschen, denen die Selbstaufgabe und die
dauernde Servilität das Rückgrat gebrochen haben –, wie sie sich als Ab-
kömmlinge Lusos bezeichnen und vor den Augen der sich amüsie-
renden Welt für sich in Anspruch nehmen, Nachkommen von* Castro
dem Starken *und* Albuquerque dem Schrecklichen *zu sein. ...* [99]

DER PORTUGIESISCHE TAKT

Valeu a Pena? Tudo vale a Pena
se a Alma Não é Pequena.

Lohnte sich der Schmerz? Alles lohnt sich,
wenn nicht eng ist das Herz. [100]
(FERNANDO PESSOA, aus: *Obras Completas*)

Das Feingefühl der Portugiesen, ihr Sinn für Nuancen, ihre rasche Auffassungsgabe und Intuition für Charaktere und Lebenslagen gründen maßgeblich in einem Takt, dessen Eigenart dieses Volk von anderen Völkern abhebt.

Dieser Takt zeigt sich zunächst in der stillen Selbstverständlichkeit, mit der sich Portugiesen in einen gegebenen Rahmen einfügen. Instinktiv stimmen sie ihr Verhalten auf die Menschen und ihre Meinungen, auf die Stimmungen und Tendenzen ab und kommen ihnen entgegen. Es genügt, sich die vielfältigen Formen der Höflichkeit, die unzähligen Abstufungen im Brief- und Gesprächsstil, die reiche Skala rhetorischer Figuren und Anredeformen vor Augen zu führen, um sich ein Bild davon zu machen, wie sehr der Takt das Leben in Portugal prägt. [101] Es pflegt lange zu dauern, bis ein Ausländer ein sicheres Gespür dafür gewinnt, welche mündliche oder schriftliche Anredeform im Einzelfall zu wählen ist. Wo im Deutschen das „Sie", „Du" oder der Titel zur Wahl stehen, bieten sich im Portugiesischen das „Du", der Vorname + Artikel *(O António vai ...)*, die dritte grammatische Person *(Vai buscar ...)*, die Funktionsbezeichnung + Artikel *(O meu amigo vai ...)*, *você, o senhor, vossa Excelência, o senhor* + Titel *(O Sr. Doutor vai ...)* und andere Möglichkeiten an, die je nach Niveau, sozialer Schicht, gesellschaftlicher Bedeutung und Absicht der Gesprächspartner gewählt sein wollen. Selbst Portugiesen, denen eine bessere Erziehung und entsprechende Lebenspraxis auf diesem Gebiet fehlen, greifen nicht selten daneben – die portugiesische Literatur ist voll von Ironisierungen solcher Fehlleistungen.[102] Der beliebte Ausweg, vorsichtshalber eine Ebene zu hoch zu gehen, verleiht dem Unterhaltungs- und Briefstil – insbesondere des „Volks" höheren Schichten oder aber Ausländern gegenüber – oft einen überzogenen, manchmal auch archaisch wirkenden Zug. Formelhaft, ja schwerfällig erscheinen – nicht nur Ausländern – zahlreiche Reden, Dekrete, Zeitungsartikel und selbst literarische Texte, und der geblümten Rede stehen nicht selten umständlich wirkende Verhaltensformen in persönlichem Umgang, bei Einladungen, offiziellen oder privaten Sitzungen und Gesprächen zur Seite. Nicht wenige Portugiesen empfinden daher zahlreiche überkommene Ausdrucksweisen als veraltet, unangemessen in einer funktioneller und nüchterner denkenden Welt, und nicht wenige – im Süden eher als im Norden – greifen deshalb, instinktiv, mutig oder forsch, eine oder sogar mehrere Ebenen nach unten. Da wird der Staatspräsident oder Premierminister zum *o senhor* – um nicht von dem Modewort *gajo* („Kerl") zu sprechen, mit dem viele heute von jedwedem Abwesenden reden, gleich welchen Ranges oder persönlicher Qualität dieser sein mag.

Unsicherheiten zum guten Teil veralteter sprachlicher Ausdrucksformen, sicherlich. Und wenn das ganze Anredesystem in den letzten zehn, fünfzehn Jahren tiefgreifende Änderungen durchmacht – der auffälligste Zug ist dabei das mächtige Verdringen des *você*[103] –, dann spiegelt sich damit natürlich in der Sprache der Wandlungsprozeß wider, in dem sich das Land heute auf allen Gebieten befindet.

Die Änderungen – und vor allem auch Vereinfachungen – der Ausdrucksmodalitäten sollten indessen nicht darüber hinwegtäuschen, daß ihnen ein Taktgefühl zugrunde liegt, welches auch in einem neuen Sprach- und Umgangston seinen Niederschlag finden wird. Dieses Taktgefühl verbietet zu schockieren; und es erlaubt, in der Lebensgestaltung, im täglichen Umgang, in Sitten und Gebräuchen, sich und andere vor dem zu harten Zugriff rauher Realitäten zu schützen.

In Portugal gilt es deswegen, Gespür zu haben für das, was im Raum, was zwischen den Zeilen steht. Wer keinen Sinn für Zwischentöne mitbringt, am Wort haften bleibt, bekommt nicht mit, was eigentlich gespielt wird. Der Portugiese ist ein Meister der indirekten Sprache, der unscheinbaren Andeutung von Meinungen und Stellungnahmen, des flüchtigen Streifens des Wesentlichen, der versteckten

Kritik in Wort und Bild. Zahlreiche Mißverständnisse im Kontakt mit
Ausländern rühren daher, daß diese zu sehr am Buchstaben kleben
bleiben – wie das Beispiel so mancher Deutscher zeigt, ist dies keineswegs (nur) eine Frage mangelnder Sprach- und Landeskenntnisse,
sondern mangelnden Sinns für Nuancen und Zwischentöne, letztlich
mangelnden Takts.

Derselbe Takt hindert den Portugiesen jedoch auch häufig, genau
zu präzisieren, was er meint oder will; durchzugreifen, wenn die Einstellungen der Menschen und die Lebensumstände den Erforder-
nissen der Stunde nicht mehr entsprechen. Seine Scheu wehzutun,
seine Angst zu verletzen kann bis zu Verhaltensformen führen, die weniger zartbesaitete Gemüter Feigheit nennen. „Da hättest du doch
etwas sagen sollen", lautet der erste Kommentar, wenn sich jemand
aus Taktgründen hat überfahren lassen. „Hätte ich", lächelt der Angesprochene, „aber ..."

Auch wenn es zum eigenen Schaden ist, ziehen es zahlreiche Portugiesen vor, Nachteile, Ungereimtheiten, Ungerechtigkeiten hinzunehmen, statt sich zur Wehr zu setzen. Solange man die Personen
achtet, das ausgeprägte Gerechtigkeitsgefühl nicht zu sehr verletzt,
der Druck nicht zu stark wird, lassen sie eher geschehen. Sie
schlucken – bis sie eines Tages platzen, unsachgemäß platzen; denn
selten erlebt man Portugiesen, die noch in der scharfen Reaktion
Form, Sinn für Realität und konstruktive Kritik bewahren, so daß die
Betroffenheit über sich selbst, nachdem man sich Luft gemacht hat,
nicht weniger groß zu sein pflegt als das Gefühl, mißachtet oder falsch
behandelt worden zu sein, und heillos konfuse Situationen entstehen,
weil der Takt ein rechtzeitiges, offenes, vielleicht sogar hartes Wort
verhinderte.

Beim portugiesischen Takt, einer Art verinnerlichter Vitalität, geht
es darum, den seelischen Raum, in dem sich der Mensch bewegt, zu
respektieren. Er ist eine der schönsten Ausdrucksformen des iberischen Individualismus und läßt den realen Lebensraum eher sekundär
erscheinen. Er gehört vielleicht zum Feinsten, was Europa hat – zu
einem Daseinsverständnis auch, das mehr und mehr verlorenzugehen
scheint. Er schenkt eine innere Freiheit, die uneigennützige Verbundenheit, Freundschaft und Ritterlichkeit über reine Nützlichkeitserwägungen und ein reales Austragen von Gegensätzen stellt. Doch
stellt er dort eine Gefahr dar, wo er zur Scheu führt einzugreifen, wo
er übervorsichtig, mutlos und realitätsfern macht und eine Resignation auslöst, die den Härteren und Brutaleren das Feld überläßt.

«MANHA» – BIOLOGISCHE INTELLIGENZ, LISTENREICHE INTUITION

ESPERTO:

Intelligent, schlau, gewieft, energisch, lebhaft, angeregt, von Scharf-sinn und Aktivität, aufgeweckt, lauwarm, fast warm; lat. expertus.
(CÁNDIDO DE FIGUEIREDO, Stichwort *esperto*)

ESPERTO:

Wach, aktiv, agil, scharfsinnig, schlau, verschlagen, verständig, ver-wegen, erprobt, übergeschäftig, durchtrieben, beschlagen, aufgeweckt, wach, eifrig, energisch, immer mit dem Mund vorneweg, geistreich, an-geregt, gerissen, erfahren, jemand dem keiner mehr etwas vormachen kann, schlau, gewieft, stark, spitzbübisch, lustig, geschickt, gewandt, intelligent, behend, verschmitzt, schalkhaft, schurkisch, ein schlauer Fuchs, lauwarm, starr, sachverständig, hellsichtig, grundgescheit, zäh, tüchtig, bewandert, scharfsichtig, tückisch, in den einschlägigen Dingen zu Hause, lebhaft. [104]
(Dicionário de Sinónimos)

Ein Baby brüllt wie besessen. Die junge Mutter eilt besorgt herbei; eine Tante beruhigt sie: „Es hat nichts; es will nur auf den Schoß; *só é manha.*" – „Es ist nur List" könnte man den Trieb, in den Armen geborgen, verwöhnt zu werden, auf deutsch kaum nennen; „List" hat eine moralische – oder unmoralische – Konnotation, die biologischen Reaktionen eines Babys gegenüber nicht recht angemessen wäre. *Manha* dagegen trifft: Menschen zeigen sie wie Tiere – und „sollen" sie zeigen.

Zunächst liegt *manha* also auf biologischer Ebene. Mit der biologisch-listigen Intelligenz hat man sich u. a. in wissenschaftlichen Versuchen mit Schimpansen, Gorillas usw. befaßt: man baute zwischen das Triebziel der Affen, etwa eine Banane, und das Tier zunehmend schwierigere Hindernisse auf, z. B. einen Zaun, stellte dem Schimpansen als Werkzeug zu nutzende Gegenstände hin, etwa ineinanderschiebbare Kisten, zu verbindende Stöcke, Gegenstände, die sich zu Kisten und Stöcke verbiegen lassen o. ä. Dann beobachtete man, ob und wie der Schimpanse sein Triebziel zu erreichen wußte, welche psychischen Funktionen dabei vermutlich eine Rolle spielten, wo er an die Grenzen seiner Leistungen stieß. Forscher wie Köhler folgerten aus ihren mit großer Geduld und Genauigkeit durchgeführten Experimenten – in Weiterführung der Lehren Darwins –, daß der Affe ebenso wie der Mensch „Intelligenz" besitze, zwischen homo sapiens und dem Tier daher kein Wesensunterschied bestehe. Der Streit um die Deutung der Versuche schied die Geister. Max Scheler nannte die Fähigkeit des Schimpansen „praktische Intelligenz" und unterschied sie ebenso von dem arttypischen, fest geregelten Instinkt wie von dem nach seiner Meinung nur dem Menschen zukommendem „Geist". Dieser allein wisse Welt und Ich zu „objektivieren", sich von dem Drang des eigenen Organismus wie von der „Vereinnahmung" durch die „Umwelt" zu befreien, Erkenntnisse der „Dinge als solche" und ihres Werts zu gewinnen, „Welt" zu schaffen.

Auf ihrer ersten – biologischen – Stufe ist *manha* diese praktische, organgebundene Intelligenz, d. h. ein flinkes Erfassen von Dingen und Situationen, auch von Situationen, die für das Individuum durchaus neu sein können, für die sie gleichsam blitzartig eine vorteilhafte Lösung oder Wendung entdeckt.[105] Diese Intelligenz läßt sich in Portugal immer wieder beobachten. Ein Deutscher, auch ein Franzose, wirkt demgegenüber eher „quadratisch", steif. Und man mag sich fragen – weitet man die Thematik ins Kulturanthropologische –, ob die moderne mitteleuropäische Zivilisation, die die biologischen Fähigkeiten des Menschen den logischen gegenüber so sehr benachteiligt, nicht zuletzt ein Ergebnis wie eine Ursache dieser „logischen Steife" ist. Sie läßt sich als Schwäche, als „Kompensation" ebenso wie als Stärke, als systematisches Denken und methodische Reflexion erklären und beschreiben.[106] Mit den abstrakten Regelungen der Industriewelt konfrontiert, wirkt der Portugiese – und mit ihm sicherlich die große Mehrheit nichtindustrialisierter Völker – oft zunächst einmal „logisch-dumm"; ebenso wie so viele Mitteleuropäer der listenreichen Intuition des Portugiesen gegenüber „tumb" dastehen in Situationen, in denen bekannte Anhaltspunkte, Regeln, „objektivierbare Kriterien" und logisches Denken nicht weiterhelfen.

Auf einer zweiten Stufe ist *manha* – von „Geist" begleitet – dementsprechend jener spontane Findungsreichtum des alten Odysseus, der die Griechen, die Portugiesen, die Italiener und andere Völker von den Mitteleuropäern abzuheben scheint. Für diesen Findungsreichtum ist das Neue geradezu Bedingung für die Entfaltung seiner Kraft: wie Odysseus ist der Portugiese seiner inneren Natur nach ein geborener Entdecker. Der Mitteleuropäer sucht eher in logisch-systematischem Denken, in methodischem Handeln seine Anlagen zu entfalten, der Portugiese sucht eher Gelegenheiten für die Entwicklung seiner Findungsgabe.

Man wird dieser Unterscheidung entgegenhalten können, schon innerhalb Deutschlands oder Frankreichs etwa lasse sich derselbe Unterschied mühelos nachweisen an einem Vergleich der Stadt- mit der Landbevölkerung, der einzelnen Gegenden untereinander usw. Sicherlich ist auch hier Vorsicht geboten bei kulturanthropologisch deutbaren Verallgemeinerungen. Und außerdem ist hier wie in fast allen anderen Punkten von der unterschiedlichen historischen Entwicklungsphase auszugehen: der Bundesrepublikaner ist schon anders als der Deutsche des 1000jährigen Reichs – wie stark mag sich „der"

Deutsche in Jahrhunderten verändert haben? Wie dem auch sei: die „Raffinesse" des Deutschen heute scheint im Vergleich zur *manha* des Portugiesen enger, dumpfer, lichtloser.

Was mit dieser *manha* gemeint ist, sei an einem portugiesischen Märchen – in vielen portugiesischen Märchen spielt die List, ihre Anerkennung und Belohnung eine Rolle – verdeutlicht.

„Es war einmal ein Bauersmann", heißt es da, „der arbeitete auf einem großen Landgut. Als der König auf der Jagd vorbeikam, fragte er ihn, wovon er lebe. ‚Ich lebe von meiner Arbeit, zwölf Heller am Tag, die teile ich in drei Teile. Der erste ist für meine armen Eltern, die nicht mehr arbeiten können, der zweite der Unterhalt für meine Frau und mich, und den dritten verleih' ich sozusagen auf Zinsen, der ist nämlich für meine Kinder.' – Dem König gefiel diese Antwort, und er sagte zu dem Bauersmann, er solle niemandem sagen, wie er die zwölf Heller einteilte, ohne daß er vorher hundertmal das Gesicht des Königs angesehen habe. Und das versprach dieser. – Als er wieder auf seinem Schloß war, ließ der König alle seine Edelleute zusammenrufen und fragte sie, ob sie erraten könnten, wer jeden Tag die zwölf Heller, die er mit seiner Arbeit verdiente, in drei Teile teilte und wie er das mache. Die Edelleute dachten hin und dachten her, bis sie schließlich entdeckten, wer gemeint war, und den Mann aufsuchten. Er wollte jedoch unter keinen Umständen sagen, wie er seine zwölf Heller einteilte. Die Edelleute drangen so sehr in ihn, daß er schließlich sagte: ‚Ich erkläre es nur, wenn ich hundert Goldmünzen bekomme!' Den Edelleuten blieb nichts anderes übrig, als seine Forderungen zu erfüllen; dann sagte er ihnen, wie er die zwölf Heller einteilte. Darauf gingen die Edelleute in den Palast zurück und erzählten es dem König. – Der ließ den Bauersmann unverzüglich rufen. ‚Betrüger, du hast es verraten, ohne vorher hundertmal das Gesicht des Königs anzusehen.' – ‚Nein, Herr König, das habe ich hundertmal auf den Münzen gesehen, die Eure Edelleute mir gegeben haben.' – ‚Du bist ein kluger Kopf', sagte der König und fragte ihn, was für ein Geschenk er sich wünsche. Da antwortete er: ‚Ich möchte, daß jeder Mann, der Angst vor seiner Frau hat, mir fünf Groschen geben muß.' – ‚Das ist alles, was du dir wünschst?' – ‚Ja, Herr König, damit komme ich gut hin.' – – Der Mann aber wurde bei dem Hagel von Fünfgroschenstücken reich und reicher und fuhr schon in seiner eigenen Kutsche. Eines Tages fuhr er am königlichen Palast vorbei, und der König, der am Fenster stand, ließ ihn anhalten und zu sich rufen. ‚Wie kannst du dir so viel leisten, wo du nur fünf Groschen von jedem Mann bekommst, der Angst vor seiner Frau hat?' – Da erzählte ihm der Mann, daß er unterwegs eine wunderschöne Prinzessin gesehen habe ... In diesem Augenblick kam die Königin herein, und der König sagte: ,Sprich leise, da kommt die Königin.' – ,Also auch Eure königliche Majestät! Dann rückt mal gefälligst fünf Groschen raus!' – Der König gab sie ihm, und unser Mann lebt noch immer herrlich und in Freuden von den fünf Groschen, die ihm jeder Mann bezahlen muß, der Angst vor seiner Frau hat."[107]

Abgesehen vom König und seinem Hof wirkt die Situation aktuell: auch heute würden ein „Hochgestellter" und ein Bauer so miteinander umgehen können. List, Klugheit und Intelligenz werden auch heute weithin kaum geschieden; das verbreitete Adjektiv *esperto* – „pfiffig", „klug", „schlau", „gewieft" – zeugt davon. Und die *manha* wird anerkannt, humorvoll honoriert: leutselig gibt sich der König geschlagen dem Mann gegenüber, der ihn mit seiner rasch erfundenen Geschichte von der Prinzessin wie seinesgleichen behandelt – und auch das Erlassen von Dekreten zur Regelung von Einzelfällen ist noch heute an der Tagesordnung. Stolz preist sich der Portugiese, wenn er anderen in der List voraus ist; lachend deckt er dem seine Schliche auf, den er mag. Und von allen Seiten wird die *manha* spontan bejaht, nicht kritisch moralisiert; so wie Stärke, Ausdauer, Geduld.

«DAR UM JEITO» UND «SANTA CUNHA»
– DIE KUNST DER IMPROVISATION

Die bürgerliche Gesellschaft ist eine anti-ideologische Gesellschaft, da sie auf Rechnungen, auf Zahlen, auf leicht nachprüfbaren Daten beruht; sie beruht auf der Produktivität, auf der Fähigkeit..., das Kapital zu vermehren. Deshalb ist es eine stark auf Konkurrenz ausgerichtete Gesellschaft, eine notwendig auf Konkurrenz ausgerichtete Gesellschaft, insofern als sie auf die Führungsposten die Leute mit der größten Fähigkeit, diese Posten auszufüllen, setzen muß. In der bürgerlichen Gesellschaft kann es keine Hierarchie geben, wie sie in den „ideologischen Gesellschaften" – in der Kirche oder in den Parteien leninistischer Prägung – existiert; denn sie verfügt nicht über eine endgültige Wahrheit, über eine Bibel (von universeller Gültigkeit, heilig und deswegen unveränderlich), sondern über eine gewisse Anzahl (ökonomischer) Spielregeln, die sich beständig wandeln, da sie ständig in der Praxis erprobt werden. Die Überlebensbedingung der bürgerlichen Gesellschaft beruht darauf, daß der richtige Mann am richtigen Platz ist.

(José António Saraiva/Vincente Jorge Silva,
O 25 de Abril visto da História)

Mitteleuropa drängt Portugal schon durch eine gewisse Härte und ein stärkeres Ernstnehmen der realen Lebensbedingungen in eine Defensivstellung und ist ihm im Sinn modernen Fortschritts überlegen durch seine disziplinierte und organisierte Wissenschaft und Technik. Zwei Welten stehen sich so gegenüber: erinnern heute manche mitteleuropäische Länder – Deutschland vielleicht am stärksten – an eine bis ins einzelne durchgeplante, mehr oder weniger reibungslos funktionierende Maschine, dann bietet Portugal weitgehend immer noch das entgegengesetzte Bild: hier herrscht sehr viel Improvisation in all ihren Erscheinungsformen.

Sowohl in raschen und eleganten Lösungen praktischer Art als auch in geschickten Auswegen bei theoretischen Schwierigkeiten zeigt der Portugiese eine Fertigkeit, eine Wendigkeit und einen Einfallsreichtum, die immer wieder überraschen. Seine sich gerade an Einzelheiten bewährende findige Intelligenz läßt sich vom Handwerk bis in künstlerische Leistungen, von der Haltung in der Wissenschaft bis hin zu politischen Methoden beobachten. Vor allem deswegen ist der Portugiese ein Künstler der Kleinform.

Schlüsselbegriff für diese Haltung ist *jeito*, eines jener unübersetzbaren Wörter dieser Sprache. Jemand „gibt einem anderen einen 'jeito'" – *fazer um jeito a alg.* – heißt soviel wie: „er steht ihm bei", „hilft ihm aus der Patsche", „trägt dazu bei, daß etwas klappt". – „Einer Sache, einem Problem einen 'jeito' geben" – *dar um jeito a qc.*: „einer Sache einen Dreh geben, so daß sie funktioniert", „ein Problem durch einen Dreh, einen Trick, eine durch die Regelungen eigentlich nicht vorgesehene Wendung lösen", „etwas zum Klappen bringen". – „Etwas gibt jemandem 'jeito'" – *qc. dá jeito a alg.*: „es nützt ihm, hilft ihm, zieht ihn aus einer Verlegenheit". *Dar jeito* – „passen", „gelegen kommen", „zupaß kommen". – „Jemand hat 'jeito'" – *ter jeito*: „er ist gewandt, findig, hat eine natürliche Geschicklichkeit für etwas"; „er weiß, worum es geht"; „er ist in der Lage, Probleme immer – irgendwie – zu lösen". – – Hängen wir an das Substantiv *jeito* die im Portugiesischen so beliebte Diminutivendung *-inho* – *jeitinho* –, dann geben wir dem Unter-die-Arme-Greifen, der Nützlichkeit, der Fähigkeit, dem Dreh jene liebevoll-herzliche Note, betrachten es mit jenem hell- und auch nachsichtigen Lächeln, das den Begriffen jeden Beigeschmack des Platten, des Fehlverhaltens oder gar des Unanständigen nimmt, den sie in anderen Sprachen leicht gewinnen.

Zum *jeito*, zur findigen Improvisation gehört es auch, wenig zu zögern, einen jeden da einzusetzen, wo Not am Mann ist. Der Portugiese setzt ein ungleich größeres Vertrauen in die Einsetzbarkeit des Menschen in unterschiedlichste Rollen als andere Völker; und vor die verschiedensten Probleme gestellt, beweist er in der Tat erstaunlich vielseitige Gaben. Seiner Lebensanschauung nach kann ein jeder viel mehr Funktionen wahrnehmen, als er selbst weiß. Hierin zeigt sich ein krasser Gegensatz zum „Fetischismus des Fachmanns", den man heute zunehmend etwa in Deutschland findet[108].

Nicht nur sich selbst, auch andere hält der Portugiese für fähig, tausenderlei verschiedene Dinge zu tun, und in der Tat nimmt sein Glaube an die Austauschbarkeit von Menschen und Funktionen oft einen für Mitteleuropäer beängstigenden Grad an: sie haben den Eindruck einer Vielzahl dilettantischer Maßnahmen, durch die die Dinge gar nicht in den Griff zu bekommen seien und die findig-geschäftig mehr gegeneinander als sinnvoll miteinander eingesetzt würden. Dies dürfte nicht zuletzt der Grund sein dafür, daß man bei der genaueren Analyse von Veränderungen in Politik, Wirtschaft, Industrie, aber auch im Privatleben in Portugal so häufig den Eindruck hat (einen Eindruck übrigens, den die Portugiesen selbst formulieren), daß bei allen neuen Gesichtern, Titeln und Rollenverteilungen unter der Oberfläche alles beim alten geblieben ist.

Je stärker der Glaube an die Flexibilität und die Einsetzbarkeit des einzelnen in den unterschiedlichsten Bereichen, desto geringer die Bedeutung von Fachwissen, Vorkenntnissen, Ausbildung. Entscheidend sind die Person und das Vertrauen, das man in sie setzt. Das zeigt sich nicht nur bei der Stellungnahme zu Geschehnissen – jemand, der die verhängnisvollsten Böcke geschossen hat, bleibt sympathisch und angesehen, wenn man ihn charakterlich schätzt; nicht nur in der häufig mangelnden Objektivität, mit der man die Dinge als solche beurteilt – die Probleme werden vermenschlicht; auch bei der Vergabe von Posten, von Möglichkeiten und Chancen, die man anderen einräumt. In überdeutlicher Form spiegelt sich diese Einstellung in der Redewendung *meter una cunha*. *Cunha* ist eigentlich „der Hebel", *meter uma cunha* also eigentlich „einen Hebel ansetzen", im übertragenen Sinn: „jemanden dazu bewegen, dazu bringen, für uns oder einen Dritten etwas zu tun; jemanden (für uns) einsetzen, einspannen". Mit seinem Sinn für Selbstkritik und Ironie hält der Portugiese die „heilige Cunha" für eine nicht weniger wichtige Figur als den heiligen Antonius oder den heiligen Johannes.

Wer in Portugal keine Beziehungen hat, kommt in der Tat zu nichts. Auch in anderen Ländern wird die Beziehungsjägerei großgeschrieben – in Portugal indessen ist, im Positiven wie im Negativen, persönliche Bekanntschaft Voraussetzung für Erfolg im Kleinen wie im Großen. Abstrakte Begründungen, anonyme Bedürfnisse, systematisch motivierte Zielsetzungen überzeugen nicht. Selbst wenn man davon ausgeht, daß „Beziehungen" heute in Mitteleuropa nicht weniger unerläßlich sind als in Portugal, wenn man etwas durchsetzen, es zu etwas bringen will, scheint doch nach wie vor ein wichtiger Unterschied zur *cunha* zu bestehen: um etwa einen bestimmten Posten zu bekommen, braucht man in Deutschland die Beziehungen und – in der Regel wenigstens – die einschlägigen Fähigkeiten; in Portugal genügen in zahlreichen Fällen noch immer die Beziehungen ...

Der Portugiese verschreibt sich dementsprechend nicht gern Programmen, ist voller Aversion gegen jede Art von Bestimmungen. Auf der anderen Seite bleibt er nicht selten am Persönlichen und Konkreten haften. Seine Improvisationsgabe hilft ihm über den Tag, löst komplizierte, strukturell bedingte Schwierigkeiten aber nicht. Allerdings besitzen fast alle Portugiesen ein feines Gespür für die Gefahr des übergroßen Vertrauens in die Improvisation und die Problematik der „heiligen Cunha", einen Sinn für das, was echt, was gerecht ist.

Plastisch wird diese Problematik etwa an der Reaktion auf Gesetze und Dekrete. Tatsache ist, daß viele portugiesischen Gesetze und Erlasse bereits überholt sind, wenn sie erlassen werden; daß sie die Bedingungen, unter denen sie anzuwenden sind, nicht genügend oder inadäquat berücksichtigen; daß sie übertrieben spezifiziert oder zu vage formuliert sind. Aber nicht zu bestreiten ist auch, daß der erste Gedanke derer, die von einem Dekret betroffen sind, der ist: wie kann ich es umgehen oder wenigstens abgewandelt anwenden? Das führt zu dem Zirkel, daß der Gesetzgeber dem *jeito*, den jeder dem Gesetz geben wird, durch übergenaue Ausführungsbestimmungen vorzubeugen und Verstöße durch übertriebene Rigorosität zu ahnden sucht, der Betroffene aber mit dem Hinweis darauf, solche vertrackten Gesetze seien einfach nicht anzuwenden, dies auch gar nicht erst versucht.

Übertriebene Bindungen an allgemeine Regelungen, kühler Funktionalismus und eine „Mechanisierung" des Lebens werden hierdurch vermieden: im Gegensatz zum Klima deutscher Ordnung ist Portugal noch immer ein ausgesprochen warmherziges Land. Auf der anderen Seite werden damit nicht nur Zusammenarbeit, langfristige Planungen und gründliches Studium der Probleme erschwert, sondern geht in manchen Bereichen jede verbindliche Ordnung verloren. Als Ersatz dafür werden dann gern nichtige Kleinigkeiten zu Testfällen und bedeutenden Kriterien hochstilisiert, um dem Eindruck des Chaos wenigstens scheinbar zu entgehen. Bei allem Verständnis für das menschlich-warmherzige Herangehen an die Probleme wird man sich fragen müssen, ob sich ein Land in der modernen, durch Technik und Massengesellschaft geprägten Welt die Improvisation als Leitbegriff noch leisten kann. Andererseits kann der Geist der Improvisation gerade in der Übergangsphase zum Industriestaat, wird er durchdachten Projekten untergeordnet, von unschätzbarem Vorteil sein: während sich in Mitteleuropa alle Welt derart an schematische Normen gewöhnt hat, daß bei jedem Akt, der sich diesen Normen entzieht, Schwierigkeiten aller Art entstehen, packt der Portugiese, ohne lange zu fragen, an. Eine Stunde länger arbeiten, eine Hilfestellung außerhalb seines Fachgebiets leisten, mit einem Wagen auf einem ungangbaren Weg oder querfeldein zu fahren, um eine Maschine zu einem Haus zu transportieren, zu dem keine Straße führt . . .: all dies bringt hier – insbesondere beim „Volk" – weniger Prinzipiendiskussionen, Reklamationen oder einfach Ablehnung mit sich.

Planer und Theoretiker stoßen bei der Mehrheit der Portugiesen instinktiv auf Zurückweisung oder auf ironisierende Kritik. Und in der Tat verlieren sich die Theoretiker in Portugal vielleich noch stärker als andernorts in großartigen Gedankenflügen, deren Bezug zu den real zu lösenden Aufgaben zu vage bleibt, und neigen zu weitschweifigen Erörterungen, in denen man vor lauter Bäumen den Wald nicht sieht. Klare Leitlinien, eine sachliche Sprache, präzise Begrifflichkeit und Konzision findet man bei ihnen nur selten. Nicht nur bei Journalisten und Politikern, auch bei Schriftstellern, Philologen usw. hat man immer wieder den Eindruck, daß ein Geist am Werk ist, der sich allzu vielfältiger Assoziationen zu erwehren hat und deshalb ständig Gefahr läuft, über die Fülle an faktischen Einzelheiten oder genüßlich ausgemalten Ideen den roten Faden und die tiefere Begründung für das Ganze zu verlieren.

Dem Portugiesen liegt es nicht so sehr, Steinchen für Steinchen mosaikartig zusammenzutragen, zum Ganzen einer Organisation, eines Werks, einer Leistung. Er geht eher von Ganzheiten aus, bewegt sich eher in Ganzheiten; denkt eher plastisch-bildhaft als linienhaft-funktionell; er ruht eher im Wahrgenommenen, sucht es nicht immer wieder neu zu begründen. Es fehlt ihm die Polarität zwischen logischer Einzelanalyse vorausgesetzter ganzheitlicher Einheiten und methodischer Synthese der Einzelelemente auf der einen und der Stiftung ganzheitlicher neuer Einheiten durch die Einbildungskraft auf der anderen Seite – eine Polarität, die vielleicht den eigentlichen inneren Reichtum in Mitteleuropa in den vergangenen Jahrhunderten ausmachte. Von diesen beiden Polen ist der Portugiese eher dem zweiten zugewandt. Da eher logisch-kritische Analyse und methodische Synthese die Gegebenheiten ganzheitlicher Intuition fruchtbar in Frage stellen und neue Dimensionen erschließen, fehlt der portugiesischen stärker plastisch-bildhaften Sehweise weithin das im tieferen Sinn *entwickelnde* Element: die Improvisation ist ein Ausdruck rascher Wirklichkeitserfassung, sicherer Intuition und sprühender Phantasie – wobei die weiterentwickelnde Reflexion und die Kreativität vielleicht zu häufig zu kurz kommen.

DIE AMBIGUITÄT DES EIGENSINNS –
«TEIMOSIA» ALS TUGEND

Teimosia bedeutet zunächst einmal so viel wie „Eigensinn", „Sturheit" und ist damit, genau wie im Deutschen, negativ besetzt. Aber dies ist nur die äußere, „moralisch wirkende" Seite der Medaille; in einem tieferen Sinn bildet die *teimosia* das Gegengewicht zur Freude an der Improvisation – der Tendenz, klare Zielvorstellungen den Einfällen und Bedürfnissen des Augenblicks zu opfern. Der *teimoso* lebt, handelt, arbeitet „stur vor sich hin" – ganz gleich, was die Leute dazu sagen.

Wichtig ist es, die Verbindung zwischen *teimosia* und *paciência* zu erkennen. Häufig wurde darauf hingewiesen, daß der Portugiese eine erstaunliche Zähigkeit besitzt, Schwierigkeiten zu meistern und Unbilden zu ertragen; eine seltene Ausdauer, Widerwärtigkeiten auszuhalten; eine übergroße Geduld, die Fähigkeit, nicht zu ernst zu nehmen, was schiefgeht und sich für den mitteleuropäischen Geschmack von den Problemen vielleicht zu wenig packen zu lassen.

Ein Handwerker befestigt beispielsweise ein schweres Bücherregal mit unzureichenden Schrauben und mit selbstgebastelten Holzdübeln. Der Besitzer – Franzose, Deutscher, Engländer – erkundigt sich, leicht besorgt, ob das auch hält. „Mir scheint, ja", ist die Antwort. Der Besitzer, zwar nicht beruhigt, aber ohne Argumente, setzt einen Tag dran, seine Bücher einzuordnen – beim letzten Dutzend bricht alles zusammen. Zornig eilt er zu dem Handwerker. *Paciência!* – „Geduld!", lächelt der – und macht sich aufs neue daran, die Regale zu befestigen, mit etwas längeren Schrauben. Eine Woche später trifft er den Besitzer auf der Straße, der beim Herausnehmen seiner Bücher jedesmal die Wand zittern zu fühlen meint. Leutselig erkundigt er sich, in einem Ton, als halte er es eigentlich nicht für möglich: „Sind die Regale diesmal nicht heruntergefallen?" – „Ja, haben Sie denn damit gerechnet, Sie müßten die Dinger ein drittes Mal aufhängen?" – „Vielleicht", ist die ruhige Antwort. – Warum hätte er sie nicht nochmal aufhängen sollen?

Diese typische Szene, zu der jeder Mitteleuropäer, der in Portugal gelebt hat, Beispiele wird beisteuern können, illustriert, wie *teimosia* und *paciência* aufeinander bezogen sind. Die Werkzeuge sind mangelhaft, die Arbeitsbedingungen schlecht; Schaden vorherzusehen, vorausschauend zu denken, ist Sache weniger; und bei der wirtschaftlichen Lage der meisten Bewohner muß es Regel sein, die Kosten so niedrig wie möglich zu halten. Wie die Dinge liegen, bleibt unserem Handwerker – er steht hier stellvertretend für die meisten Berufe – gar nichts anderes übrig, als dem herrschenden Usus zu folgen, seine Arbeit so gut wie möglich zu erledigen, sich Einwänden gegenüber hin und wieder taub zu stellen und Fehlschläge gelassen hinzunehmen. Auch hier weiß man nicht, ob die Menschen so sind, weil das Land organisatorisch nicht funktioniert oder ob die Organisation nicht klappt, weil die Menschen seit jeher so waren ...

Und schließlich hat der Terminus *teimosia* noch eine dritte Bedeutungsebene: der *teimoso* im strengen Sinn setzt sich seine Ziele und hält unbeirrt daran fest. Zunächst für sich, gleichsam still für sich hin („Eigen-Sinn"); dann im Aufbegehren gegen Widerwärtigkeiten und hemmende Umstände („Selbstbehauptung"); und schließlich im Kampf gegen Unverstand oder Indifferenz („Durchsetzungs- und Durchhaltevermögen").

Es ist aufschlußreich zu beobachten, wie die Umwelt in Portugal zu reagieren pflegt, wenn jemand seine eigenen Vorstellungen vom Leben durchsetzen möchte. „Sei nicht *teimoso*!", berichtigt man ihn, sanft oder nachdrücklich; oder man urteilt gegenüber Dritten: „X Y ist sehr *teimoso*" – was ein Tadel, ein Lob oder eine schlichte Feststellung sein kann. Es liegt auf der Hand, daß sich der *teimoso* durch solche Reaktionen in seiner Haltung nur bestätigt fühlt.

Eine gewisse *teimosia* ist in Portugal durchaus am Platz. Wer sie nicht hat, kommt zu nichts. Wird sie indessen zum beherrschenden Charakterzug und läßt sie Reflexion und Kritik – auch Selbstkritik – allzusehr „abprallen", kann sie unerträglich werden. Eine gewisse Zähflüssigkeit und Dumpfheit – die sich in manchen Gegenden, besonders im Norden des Landes, sehr deutlich zeigen und sie damit von der größeren Wandlungsfähigkeit des Südens abheben – werden dann von Enge, Kurzsichtigkeit und Schlaubergertum zu Tugenden gestempelt. Man bleibt bei Entschlüssen, Entscheidungen, Richtungen, die überhaupt nicht mehr zu halten sind. Das portugiesische Privatleben wie die portugiesische Geschichte sind voll von verfahrenen Situationen, in denen jemand gegen den „Schlamassel der allgemeinen Lage", voll dynamischer *teimosia* oder voller Idealismus anzugehen, neue Ideen oder bessere Lebensbedingungen durchzusetzen, in seinem Fach etwas Gültiges zu leisten oder ganz einfach nur sein eigenes Leben zu leben sucht – und nicht das der Familie, der Umwelt, der herrschenden Schichten, der eingefahrenen Linie – und der sich dabei derart verrennt oder den Karren derart in den Sand fährt, daß am Ende kein Mensch mehr weiß, wie es weitergehen soll und wie das Ganze zu beurteilen ist.[109] Die oft beobachtete historische Entwicklung Portugals in ruckartigen Schüben, die lange Zeiten starker Lethargie *(paciência)* gleichsam durchbrechen, ist auf politischer Ebene der Reflex des verschachtelten Widerspiels von Geduld und Verharren auf der einen und „Rebellion" auf der anderen Seite. In beiden Polen, der *paciência* wie der *rebelião*, ist die *teimosia* wirksam.

KONSTANZ DER PERSON IN LIEBE UND FREUNDSCHAFT –
«TERNURA» UND «SER AMIGO»

Der «machismo» oder die Zurschaustellung der „Männlichkeit" ist die blinde Unterwerfung unter die „Stimme des Bluts" – ein Charakteristikum des «marialva», und der «marialva» kann die Gleichberechtigung in der Liebe niemals akzeptieren. Ein Lissaboner Geck aus der Zeit Johans V., der, wie es hieß, bewaffnet mit Stock oder Stecken liebte, oder ein Eroberer in seinem Viertel aus unseren Tagen, der die vorbeigehenden weiblichen Wesen mit seinen Augen auszieht, stellen den Prolog des «machismo» über die Stellung des „Weibs, das von Natur aus Weib ist", d.h. über den Kodex der sozialen Unterlegenheit der Frau öffentlich dar ...

Der «machismo» beruht auf der Treue der verheirateten Frau und der Herrschaft des Paterfamilias, einer Herrschaft, die bis zum Vielecksverhältnis geht ... Die ganze Untreue der Frau besteht im Ehebruch! Einzig und allein ...

Definition des «machista»:
Erstens: der Versuchung nach leichten Abenteuern ... erlegen;
zweitens: überzeugter Vertreter der Ungleichheit in der Liebe;
und drittens: Anhänger der patriarchalisch geordneten Hurerei, mit der Demagogie des „Urwüchsig-Echten" und des „freien Bumsens", nicht ohne Überbleibsel der feudalen Beziehungen Herr–Sklave, für die das ius primae noctis ein herausragendes Symbol der Sublimierung war – und bei alledem drückt sich ein einflußreicher Provinzialismus in einer verständlichen Vorliebe für plebejische Abenteuer aus.[110]

(JOSÉ CARDOSO PIRES, *Cartilha do Marialva*)

Die Züge des «marialvismo» zeigen sich heute in den verschiedensten
Dingen des täglichen Lebens – in den Sitten, in der Wirtschaft, in der
Werbung – in der Weiterführung von Emblemen des «machismo» ...[111]
(JOSÉ CARDOSO PIRES, *ebd.*)

Ein Mann, der nie eine verheiratete Geliebte hatte, ist nach Auffas-
sung der mondänen Welt leicht lächerlich; man spricht ihm die Erfah-
rung ab, das Verständnis für die Frau, und ordnet ihn ein in die Klasse
der struppigen Naturburschen; das ist die Kaffeehausmeinung. Die Auf-
fassung, die in den Salons herrscht, ist für ihn nicht schmeichelhafter:
man hält ihn für ungeschickt, für einen wertlosen Gymnasiasten ... Es
fehlen ihm nach dieser Meinung Mut und Durchsetzungsvermögen,
und man behandelt ihn mit jener Gleichgültigkeit, mit der man die
Dinge behandelt, die niemandem gehören. Aber wenn er eine Geliebte
hatte, die bekannt ist und die sich hervorgetan hat, dann, ja dann ist er
ein Mann. Seine Physiognomie weckt Interesse, er strahlt etwas Ge-
heimnisvolles aus. Und wenn er drei hatte, ist er ein Löwe, wird eine Be-
rühmtheit ... Und wenn er mehr hatte und einen Ehemann im Duell
getötet, geht er in die Geschichte einer Zivilisation ein als vollendeter
Typ der Edelsten unter den Tapferen.
(ECA DE QUEIROZ, *Os Maias*)

Zum klassischen Verhaltenskodex des sogenannten *machismo* gehörte es in Portugal wie in Spanien, daß ein Mann jede tiefere Ergriffenheit zu unterdrücken hat – ähnlich wie es früher auch in anderen Ländern zu dem Bild gehörte, das man sich von einem „Mann" machte.

Auf dem Schulhof steht eine Gruppe Untertertianer beisammen und schäkert. Einer hält sich etwas abseits und schaut in den strahlend-blauen Himmel. „Welch ein blauer Himmel!", sagt er, mehr zu sich selbst als zu den anderen. Seit der Zeit heißt er „blauer Himmel" – *céu azul* – und gilt als rührselig, bis ins Alter: das Klischee wird ihn nicht mehr verlassen. – Ein Junge, der Klavier spielt, hat es vielerorts noch heute nicht leicht: das ist etwas für Mädchen; die Kameraden necken ihn, er sei ein *maricas*, ein Schwächling, dem das Männliche fehle.

Solche Reaktionen sind in Portugal doppelt erschwerend, weil sie Normen kodifizieren, deren man sich nur schwer erwehren kann. Auch in Mitteleuropa mag unser Klavierspieler eine Ausnahme sein; doch zumindest findet er Anklang bei anderen musisch Begabten, Anerkennung anderer trägt und fördert ihn. In Portugal wird er leichter zum Einzelgänger – wenn hier auch sehr zwischen den Schichten und Milieus (Stadt – Land, „Volk" – „Nicht-Volk") zu unterscheiden ist.

Einer Frau gegenüber tiefere Ergriffenheit zu unterdrücken macht den sexuellen *machismo* aus. Er bestimmt die Überlegenheitshaltung des Mannes, nach der ihm die Frau „gehört". Er wurde viel bekämpft, als veraltet zurückgewiesen.

Sexuell-leidenschaftliche Erregbarkeit ist mit *machismo* sehr wohl vereinbar. Nicht indessen eine Leidenschaftlichkeit, die den ganzen Menschen erfaßt, *passions*, die Denken, Fühlen und Handeln beherrschen – wie es uns etwa Balzac für die verschiedensten Typen und soziologischen Gruppen gezeigt hat. Soweit man hier überhaupt allgemeine Aussagen machen kann, ist eine solche *passion* in Portugal eher atypisch.

Genuin portugiesisch scheint indessen die Läuterung der Liebe zu einem sicher tragenden, den Menschen prägenden Zartgefühl – *ternura* –, das hinter aller Leidenschaft und ihrem Wechsel wie selbstverständlich ein konstantes Verbundenheitsgefühl garantiert.

Es mag hiermit zusammenhängen, daß man bei portugiesischen Mädchen und Frauen so häufig den Eindruck „wesenhafter Jungfräulichkeit", von hinter aller Körperlichkeit liegender scheuer Keuschheit hat; daß bei zahlreichen portugiesischen Müttern diese Jungfräulichkeit verwandelt scheint in liebevollste Fürsorge für die Kinder, in stille, natürliche Opferbereitschaft und Freundschaft für den Mann; in eine Durchgestaltung der Lebenswelt nur durch ihr stilles Dasein. – Erwähnt sei in diesem Zusammenhang auch das *carinho*, eine von der Zartheit der *ternura* getragene „biologische Nestwärme" für die Kinder und den Mann.

Auch mag hierhergehören, daß etwa der portugiesische *pudor* und das deutsche „Schamgefühl" wohl verschiedene Dinge sind. Das Schamgefühl scheint eher auf vital-biologischer Ebene zu liegen: es bewahrt den Körper, solange die Liebe fehlt; vor der Liebe – und zwar schon vor der vitalen Liebe – löst es sich auf.[112] Und ebenso mag es sich auflösen, wenn es gewaltsam gebrochen wird – Kälte, Sex oder beides können das Ergebnis sein. – Portugiesischer *pudor* hingegen ist eher eine das seelische Ich schützende Scheu oder Schamhaftigkeit.

Unabhängig von aller Liebe äußert sich die Verbundenheit zum anderen als *ser amigo*, d.h. nicht als „Freundschaft" im „klassischen europäischen Sinn", als Echo des Ichs in seinen Zweifeln, seinem Ringen, seiner eigentlichen Natur; vielmehr als Zu-jemandem-Stehen.

Sowohl *ternura* wie *ser amigo* sind für den anderen da, binden ihn aber nicht. Es mag beiden etwas von dynamischer Entwicklung der Beziehungen fehlen – das kann zu einer gewissen Routine im Umgang der Partner oder Freunde führen. Doch dafür begründen sie eine wesenhafte Konstanz der Beziehungen, die dem Wechsel des Alltags einen tragenden humanen Hintergrund gibt. Portugiesische Freunde oder Freundinnen mögen sich lange Jahre nicht sehen. Wenn sie sich treffen, gehen sie so selbstverständlich miteinander um, als seien sie am Vortage noch zusammen gewesen. Sie mögen sich auch – etwa aufgrund äußerer Lebensumstände – lange Jahre hindurch nicht besuchen. Der eine mag in Lissabon, der andere in Coimbra wohnen; sie rufen sich unter Umständen jahrelang nicht einmal an. Doch ihre Verbindung scheint das kaum zu berühren, wie sich sogleich zeigt, wenn einer das Bedürfnis empfindet, den anderen aufzusuchen, oder eine Gelegenheit sie zusammenführt.

Ob der Import der Sexindustrie durch Film, Illustrierte, Cabaret usw. in Portugal der Entfaltung der *ternura* und dem *pudor* im Wege stehen und ob der freiere Umgang unter den Geschlechtern heute auch hier mittel- bis langfristig eine Angleichung an die Verhältnisse in anderen Ländern bringen wird, muß einstweilen offenbleiben. Vor vorschnellen Schlußfolgerungen wird man sich schon deswegen hüten müssen, weil die Dinge auf unterschiedlichen Ebenen liegen.[113]

ERWACHSENE KINDLICHKEIT

Der Portugiese nimmt für sich ein durch seine Kinderfreundlichkeit. Die Familien waren bis vor kurzem nicht nur sehr kinderreich – erst in der jüngeren Generation konstituiert sich die für die moderne Zivilisation typische Kleinfamilie, über deren spezifische Gestalt sich für Portugal einstweilen wenig sagen läßt –, vielmehr stehen die Kinder auch ganz anders als etwa in Deutschland oder Frankreich im Mittelpunkt. Die Erwachsenen gehen auf sie ein, erfreuen sich an ihrer Spontaneität, an ihren vielen kleinen und großen Dummheiten.

Durchaus untypisch ist die „pädagogische Haltung" gegenüber dem Kind. Für einen Mitteleuropäer findet sie sich sogar zu wenig: ist die Kinderliebe auf der einen Seite sicherlich einer der Gründe für die in Portugal selten auftretenden Erziehungstraumata, so ist der Mangel an Selbstbeherrschung und das Widerstreben, sich in eine bestehende Ordnung einzufügen, vielleicht auch teilweise auf sie zurückzuführen. Zu der heutigen Kinderfeindlichkeit beispielsweise in Deutschland bildet sie indessen einen wohltuenden Kontrast.

Diese Kinderliebe hat ihren Kern in einem durchaus kindlichen Zug des portugiesischen Erwachsenen. Schalk, Spontaneität, Ernstnehmen der kleinen und Nicht-zu-Ernst-Nehmen der sogenannten großen Dinge des Lebens, informelles Miteinanderumgehen, Witz: all dies teilen alle Erwachsene mit den Kindern. Es ist wenig zu spüren von gravitätischer „Würde", noch weniger von kühler Haltung und Berechnung, die heute in Mitteleuropa so typisch und verbreitet sind; doch wenig auch von Disziplin, die die Lebendigkeit durchgestaltet; von befruchtender Spannung und Polarität zwischen Wille und Leidenschaft, Geist und Natur.

Machen die Erwachsenen nicht selten einen kindlichen Eindruck, so wirken die Kinder von früh an durchgeformt und dadurch äußerlich erwachsen. Man gehe in eine portugiesische Frauenklinik und beobachte die Säuglinge: weniger „babyhafte" Gesichter als in Deutschland, in die das Leben seine Züge erst gravieren – oder nicht gravieren – wird; mehr Kinder nuanciert durchgestaltet, manchmal gleichsam fertig, so daß man den Eindruck hat, das Leben werde die Form ausfüllen, nicht eine Form erst hervorbringen. Diese Gesichter können mehr versprechen, als sie halten. Ist es eher das Schicksal etwa des Deutschen, sich zu seinem eigentlichen Kern erst zu „entwickeln" – mit Mühe, Willen, Disziplin, eher das des Portugiesen, den gegebenen Kern zu „entfalten"?[114]

Kindlich und erwachsen, alt und jung, fertig und im Entstehen begriffen, spontan-triebhaft und geformt in einem wirken sehr viel kleine und große Portugiesen. Die so viel kommentierte „zeremoniöse Umständlichkeit" des Erwachsenen – insbesondere Unbekannten und Fremden gegenüber: scheint sie nicht ein Ausdruck des unbeholfenen großen Kindes, das sich schwertut mit den im Grunde so nichtigen sozialen Umgangsformen?

Man hat von den „alten romanischen Völkern" gesprochen – dabei allerdings die Kindlichkeit zu kurz kommen lassen – und ihnen die „jungen Germanen" gegenübergestellt. Was auch immer an diesen – ehedem zu sehr, heute vielleicht zu wenig ernstgenommenen – Gesichtspunkten stimmen mag: einem Portugiesen gegenüber wirkt der Deutsche durchweg wie ein ewiger Jugendlicher: nicht kindlich, nicht zu Ende geformt – außer in jenen Fällen, in denen sich Natur und Geist zu einer Einheit runden; vielmehr wie die Jugend: suchend, ringend – sonst leer; ernst, noch im Spiel; brutal und reuig; banausisch und diszipliniert; aufbegehrend und gezwungen-beherrscht; gespannt und kaum je zufrieden. – Ein Deutscher, der nicht „kämpft", wirkt bei all seinen Kenntnissen und trotz aller Effizienz seines Handelns doch leicht wie ein „unbeschriebenes Blatt" – im Extremfall wie ein ewiges Baby; ein Portugiese, der sich nicht entfaltet, trotz aller Ästhetik in der Form oft wie eine hohle Schale – im Extremfall wie eine taube Nuß.

Amüsant zu sehen, wie der Portugiese die Energie und die Spannkraft des disziplinierten Deutschen bewundert, zugleich aber, ein wenig an alte Patriarchen erinnernd, zu heftigen Tatendrang und Übereifer – manchmal vielleicht unbewußt – zu belächeln scheint. Traurig indessen auch zu sehen, wenn deutsches Draufgängertum die Lebensweisheit erwachsener Kindlichkeit gar nicht wahrnimmt.

In der bis ins Detail geordneten, jugendhaft ernstgenommenen Baukastenwelt Mitteleuropas wirkt die Kindlichkeit des Portugiesen heiter-befreiend. Auf der anderen Seite ist gerade auch diese Kindlichkeit zu einem Draufgängertum fähig, das in der heutigen Modernisierungsphase Gewachsenes und Gewordenes auf allen Ebenen mit beeindruckender Unbekümmertheit durch Neues ersetzt. Ganz gleich, ob es die ungezügelte Bauwirtschaft ist, die in wenigen Jahren die schönsten Stadtviertel zerstören kann;[115] die Gesetzesflut der Ministerien, die über Traditionen hinwegzugehen in der Lage sind, als interessierten sie gar nicht;[116] die Programme der Parteien, die sich ihre Leitlinien zum guten Teil von ihren Schwesterparteien im Ausland liefern lassen, ohne sich immer ausreichend zu fragen, ob nicht gerade hierin „geistiger Kolonialismus" besteht u. a. m.: mehr Ernst bei der Folgenabschätzung wäre für das Land in vielen Bereichen ohne Zweifel sehr nützlich.

Ganz abgesehen aber hiervon hat das Land in den letzten Jahren eine Hektik ergriffen, die die schönsten Züge heiter-befreiender Kindlichkeit zu zersetzen droht.

FÜR UND WIDER DES INDIVIDUALISMUS
UND DER NORMEN

Von den Zügen, die die Seele des portugiesischen Volkes charakterisieren, ist der irritierendste zweifellos seine übertriebene Disziplin. Wir sind das disziplinierte Volk par excellence ...

Das gesellschaftliche Leben ist in Portugal derart reglementiert, organisiert und gleichförmig, daß man eher den Eindruck hat, daß wir ein Heer sind als eine Nation von Menschen, von denen jeder ein individuelles Leben hat. Die Handlung des Portugiesen ist nie eine Handlung, die nur von ihm ausgeht, bei der er mit der Umwelt bricht, den Nachbarn den Rücken zuwendet. Er handelt immer als Gruppe, fühlt immer als Gruppe, denkt immer als Gruppe. Immer und für alles wartet er auf die anderen. Und wenn er einmal – durch ein Wunder zeitweiliger Entnationalisierung – den Vaterlandsverrat begeht, eine unabhängige Geste, einen unabhängigen Gedanken oder ein unabhängiges Gefühl zu haben, dann ist sein Wagemut nie vollständig, denn er wendet dabei den Blick von den andern nicht ab und hört nicht auf, ganz gespannt zu sein, was sie kritisch dazu sagen werden. –

Wir sind den Deutschen sehr ähnlich. Wie sie, handeln wir immer als Gruppe, und jeder aus der Gruppe, weil die anderen handeln. – Deshalb ist es hier wie in Deutschland nie möglich anzugeben, wer die Verantwortung trägt. Die Verantwortung hat immer die sechste Person in einem Fall, in dem nur fünf handelten. Wie die Deutschen warten wir ständig auf die Stimme eines Befehls! Wie sie leiden wir an der Krankheit der Autorität. –

Leute achten, von denen niemand weiß, warum sie geachtet werden, Namen zitieren, die keinerlei objektiver Wert als zitierwürdig ausweist,

Vorgesetzten folgen, die keinerlei Kompetenz dazu ausersehen hat, die Verantwortung für die Handlung zu übernehmen ...

Wie die Deutschen kompensieren wir unsere grundsätzlich starre Disziplin durch eine oberflächliche Disziplinlosigkeit von Kindern, die das Leben spielen. Wir widersetzen uns nur mit Worten. Wir kritisieren im Verborgenen. Und in unserem Wesen sind wir neidisch, grob und ungeschliffen; denn das sind die Züge eines jeden Lebewesens, das die Disziplin zermürbt hat, in dem die Individualität verkümmert ist.

In einigen klar zutage liegenden Fragen der Lebensverwirklichung sind wir anders als die Deutschen, das stimmt; aber dieser Unterschied ist nur scheinbar. Sie erhoben die soziale Disziplin, die bei ihnen wie bei uns zum Temperament gehört, zu einem Staats- und Regierungssystem, während wir, starrer diszipliniert und kohärenter, unserer rigorosen gesellschaftlichen Disziplin niemals etwas antaten, um sie für einen Staat oder eine Verwaltung zu spezialisieren. Unangetastet überließen wir sie der Wesensform der Gesellschaft als ganzer. Daher unsere Dekadenz! –

Wir sind unfähig zur Revolte und zur Agitation! Wenn wir eine „Revolution" machten, dann, um etwas einzuführen, was schon bestand. Wir befleckten diese Revolution mit der Milde, mit der wir die Besiegten behandelten. Und wir hatten keinen Bürgerkrieg, der uns aufgeweckt hätte, keine Anarchie, kein Aufrütteln des Gewissens. Bedauernswerterweise blieben wir genau so diszipliniert, wie wir waren. Es war eine kindliche Gebärde an der Oberfläche, eine Verstellung. – Portugal braucht einen Mann, der ihm Disziplinlosigkeit beibringt.[117]

(FERNANDO PESSOA, *Sobre Portugal*)

Über den romanischen Individualismus ist viel geschrieben worden, insbesondere am Beispiel Frankreich – Deutschland. Wenn wir der langen Liste einen weiteren Beitrag anfügen, so deswegen, weil Portugal – von dem aus auch Frankreich als ein Land erscheint, in dem allgemeine Verbindlichkeiten einen fast „germanischen Raum" einnehmen – auch unter dieser Perspektive wenig behandelt wurde.

Wie aus unseren Ausführungen in den vorangehenden Kapiteln bereits deutlich geworden ist, läßt der Portugiese, individualistisch gesinnt, dem anderen nach Möglichkeit seine innere Freiheit. Über die Freiheit – heute ein verschwommener Modebegriff – ist gerade in den letzten Jahrzehnten viel geredet und geschrieben worden, vor allem unter politischem Aspekt. In Mitteleuropa erschienen die Portugiesen lange als bedauernswerte Leidtragende faschistoider Diktaturen. Nichts zeigt vielleicht so deutlich die heillose Verwirrung unter den Völkern durch nicht definierte Allgemeinbegriffe wie die Behandlung von „Freiheit" in den Massenmedien. Schon die einfache Frage, warum so viele Mitteleuropäer so gern und so lange in als faschistisch abgestempelten Ländern lebten, kaum aber Portugiesen oder Spanier aus freien Stücken für immer in Deutschland oder Frankreich blieben,[118] hätte die Autoren stutzig machen können. Man macht sich nicht genügend deutlich, daß Freiheit die verschiedensten Formen und Grade umfaßt: es gibt die geistige, seelische, vitale Freiheit, die äußere und innere Freiheit, die bürgerliche und politische Freiheit, die, die durch Sitten, und die, die durch Gesetze garantiert wird, die religiöse, philosophische Freiheit – ganz zu schweigen von dem existentiellen Freiheitsbewußtsein u. a. m. Jede dieser Freiheitsformen unterscheidet sich von den anderen, und jede findet sich in den verschiedenen Völkern und zu den verschiedenen Zeiten in verschiedenster Weise und in unterschiedlichstem Grade verwirklicht.

Im Vergleich zu Deutschland herrscht in Portugal weniger Ordnung im äußeren – sozialen wie privaten – Leben und wahrscheinlich gerade deshalb, zumindest in manchen Epochen, mehr politischer Druck. Auffällig stark ausgeprägt ist in Deutschland das ständige – schon für viele Deutsche nur schwer zu verkraftende, für die meisten Ausländer geradezu unerträgliche – Hineinreden in anderleuts Dinge, weitgehend ohne Hilfe anzubieten, wenn es nötig wäre; in Portugal ein gleichgültiges Gewährenlassen und Abseitsstehen, wo ein Eingreifen unbedingt notwendig wäre.

Man hat den Unterschied zwischen der germanischen und der romanischen Ichentfaltung durch die Termini „Individualismus" und „Personalismus" zu fassen versucht.[119] Danach manifestiert sich der Individualismus stärker darin, den psychophysischen Impulsen nachzugeben, und der Personalismus darin, das innere Selbst zu reflektieren. Uns scheint der Unterschied zwischen Deutschen und Portugiesen einmal hierin zu liegen und dann damit zusammenzuhängen, was oben zum Theoriebezogenen des einen, zum Bildhaften des anderen gesagt wurde, d. h. mit der Differenz zwischen systematischem und unsystematischem Denken.

Deutschland charakterisiert wie andere mitteleuropäischen Länder ein beständiges Kämpfen um Systeme und Normen, ein unaufhörliches Diskutieren und Rechten um mehr oder weniger allgemeingültige Gesetze. Das heißt keineswegs, daß hier ein jeder in vemeintlich gesicherten Normen aufginge – wenn man sich auch manchmal insgesamt kaum des Eindrucks erwehren kann, daß es die deutsche Staats- und Wirtschaftsmaschinerie so wenig gäbe wie ehedem die preußische oder spätere Kriegsmaschinerie ohne den weithin verbreiteten Gehorsam, der heute diese und morgen jene Normen verinnerlicht. Als Karikatur dieses Geistes erscheinen manche Sitten und Bräuche in deutschen Klubs oder Studentenverbindungen ... Das bedeutet, daß jede Norm wenigstens nach außen so lange einigermaßen respektiert wird, wie keine neue, adäquater scheinende erarbeitet oder manipulierend unter die Leute gebracht wurde.

Das ständige Erarbeiten, Diskutieren, Rechten um Normen – im Extremfall die ständige „moralisierende Manipulation" – und der Versuch, das Leben wenigstens annähernd nach Normen auszurichten, prägen die deutsche und mitteleuropäische Geschichte. Hier wird neu entwickelt, durchdacht, formuliert, was andernorts weitgehend halb- oder unbewußt oder, wird es bewußt, ohne unmittelbaren Bezug zum sozialen und politischen Leben bleibt.

Heute haben alle Normen die Tendenz umzuschlagen, sich von der

Überzeugung, vom Menschen zu lösen, zu bloß technischen Regelungen oder zum Ausdruck von Interessen momentan herrschender Gruppen zu degenerieren.[120] Diese Krise indessen, die seit Generationen Mitteleuropa beschäftigt, wird ihrerseits wieder thematisiert, um von dieser Basis neue Maßstäbe und Normen zu gewinnen. Auch das Nichts kann diskutierte Norm sein; und schließlich können Diskussionen um Normen – wie um alle anderen Dinge – zu einem geistigen Florettgefecht werden, in dem das Herausstellen von Maßstäben nur Element in einem „Spiel" ist[121].

Unter diesem Aspekt ist der Portugiese teils europäisch, teils nicht. An der eigenständigen Entwicklung von Normen nimmt er nur bedingt teil, und es kennzeichnet ihn eine instinktive Abneigung gegen die Festlegung des Menschen auf Normen. Im übrigen nehmen den Raum, den in Mitteleuropa die Normen einnehmen, in Portugal noch heute sehr stark die Sitten ein. Auf der anderen Seite erkennt der Portugiese Normen an: wenn er sie auch gern umgeht, an dem Anspruch, den sie an den Menschen stellen, insbesondere am Ethos, das sie orientieren, wird nicht gerüttelt. Bei allem Verständnis für individuelle Eigenarten und besondere Umstände, bei aller Nachsicht gegenüber persönlichen „Manieren" wird das Gesetz als solches nicht in Frage gestellt. – Normkritiker, geschweige denn Zyniker oder „Nihilisten" in Mitteleuropa sind daher auch viel radikaler als die normrelativierenden Portugiesen, die den Usancen im praktischen Leben schon deswegen eher folgen, weil sie als geborene Skeptiker von aller Weltverbesserung wenig halten. Wenn man diese Grundeinstellung zu den herrschenden Sitten „Disziplin" nennt, ist der Portugiese sicherlich (noch) „disziplinierter" als der Deutsche – darin ist Fernando Pessoa zuzustimmen; doch nur dann, d. h., wenn man den grundlegenden Unterschied der Ebenen, auf denen „Ordnung" herrscht – oder gestiftet wird –, unterschlägt.[122]

Der skizzierte Unterschied zeigt sich auch im Unterhaltungsstil. In Portugal geht es weniger um den Beitrag des einzelnen, für alle verbindliche Gedanken zu entwickeln – um das also, was im eigentlichen Sinn den Dialog ausmacht –, als um Stellungnahmen, Meinungen, den Austausch von Lebenserfahrungen. Diskussionen, Auseinandersetzungen, selbst wissenschaftliche Kritik geben eher einen Kommentar zu den Dingen, ordnen sie in vorgegebene Anschauungen ein, beleuchten sie – ernst oder ironisch – aus den verschiedensten Perspektiven; doch nur in Ausnahmefällen lassen sie sich schöpferisch von ihnen anregen; selten geben sie ihnen durch persönliche Aneignung eine verwandelte Gestalt. Das intellektuelle Leben wirkt deshalb in

Portugal beweglich, spritzig – doch in einem tieferen Sinn auch matt, fertig. Praktische Lebenserfahrung, geistiges Suchen und Theoriebildung finden nur schwer zueinander – wenn es natürlich auch zahlreiche Ausnahmen von dieser Regel gibt und wenn diesem Anspruch natürlich auch in Mitteleuropa nur ein sehr begrenzter Personenkreis gerecht wird.

Wenn sich in Diskussionen die Argumente oder Meinungen eines Teilnehmers oder einer bestimmten Gruppe durchsetzen, dann weniger aufgrund einer bestimmten Überzeugung aller als aufgrund der Bedeutung dieser Personen oder Gruppen oder ihres augenblicklichen Übergewichts. Die übrigen Diskussionspartner werden außerdem nicht selten mit dem Gefühl der Freiheit nach Hause gehen, ihre Meinungen behalten zu können – oder, je nach den Umständen, wenigstens anders handeln zu dürfen. Das führt in zahlreichen Fällen dazu, daß der – scheinbare – Konsens schon nach kürzester Zeit durch die Handlungen desavouiert wird.

Man kann in Portugal Diskussionen von Stunden, ja Tagen und Wochen erleben, die einfach im Sande verlaufen, weil sie nicht mehr erbringen als die Summe der Meinungen der Anwesenden. Zyniker des Landes meinen denn auch, in Portugal sei jeder sein eigenes Genie und zehn Portugiesen hätten wenigstens elf Meinungen, die auch der liebe Gott nicht unter einen Hut bringen könne. Dabei sei angemerkt, daß diese Meinungen sehr oft mit einer radikalen Entschiedenheit formuliert werden, die in gar keinem Verhältnis steht zu den praktischen Folgen, die bei diesem sanftmütigen Volk nur selten radikal ausfallen.[123]

Da sich der Portugiese an Normen, die mit dem eigentlichen Ethos nichts zu tun haben, weit weniger gebunden fühlt als der normengläubige Deutsche oder selbst ein Franzose, wirkt sein Handeln individualistischer. Diesen Individualismus würde man indessen sehr zu Unrecht mit Willkür verwechseln. Während der Deutsche im Konfliktfall von Norm und persönlichem Ethos oder eigner Stellungnahme eher zu prinzipieller Diskussion ansetzt – und dabei nicht selten das, worum es in einem tieferen Sinn geht, in Normkonstruktionen auflöst –, handelt der Portugiese eher „einfach" nach seinem Ethos oder nach den herrschenden Sitten. Dem „Individualismus" deswegen ein weniger geistiges Gepräge zuzuschreiben als dem „Personalismus" hieße, die Definition des Geistes ans Theoretische zu binden.

DAS LACHEN DER GÖTTER –
HUMORVOLLE IRONIE ODER IRONISCHER HUMOR

Es ist schwer oder sogar unmöglich, unter den alten Völkern Europas einen derart exemplarischen Fall von übersteigertem Nationalbewußtsein zu finden wie den unseren. Eine solche Übersteigerung ist kein Zufall, keine von außen hervorgerufene Erscheinung ..., sondern der natürliche Ausdruck unserer historischen Realität als Volk, dessen politische Existenz trotz seiner unleugbaren Eigenständigkeit als Nation niemals anders zu sehen war als unter dem Aspekt einer unterschwelligen oder eindeutigen Bedrohung. Nicht zufällig brauchen unsere Traditionalisten, um das Geheimnis unseres Schicksals zu erklären, den resümierenden Terminus Wunder ...

Dieser Rückgriff auf das Wunder beinhaltet eine tiefe Wahrheit, ja, er ist die Wahrheit der historischen Existenz Portugals, insofern sie sich der ihr wesenhaft innewohnenden Zerbrechlichkeit bewußt ist ...

Das Pathos, mit dem ein Vieira *oder ein* Oliveira Martins *von der selbständigen historischen Entstehung sprechen, widerspricht der evidenten Tatsache des übersteigerten Nationalbewußtseins nicht; der eine verleiht ihr im positiven, der andere im negativen Sinn Gestalt, wobei sie auf eine nationalistische Überhöhung zurückgreifen, welche das Wesensmerkmal jener Übersteigerung bildet, die wir als ein pathologisches Verhalten beschrieben haben. Dabei wissen wir sehr wohl, daß dies Verhalten auch noch etwas anderes ist, daß es eine Heilfunktion hat, so wie bestimmte Eiterungen, ohne die die Krankheit sich nicht mehr ertragen ließe, tödlich würde. Das „ideale Sein" und das „reale Sein" eines Volks fallen niemals zusammen; aber es gibt verschiedene Grade in ihrem Auseinanderfallen. Die Übersteigerung unseres Selbstbewußtseins – die ihrerseits nicht nur die irreal, wundersame, sondern auch die entgegengesetzte Seite hat, die der Herabwürdigung, der grenzenlosen Melancholie – bedeutet, daß jenes Auseinanderfallen, d. h. der Abstand zwischen dem, was wir zu sein vermuten, und dem, was wir sind, kaum größer sein könnte. Nun ist es gerade die Funktion der Übersteigerung, diese Spannung auszufüllen oder, besser, zu lösen – eine Spannung, die kein Trugbild darstellt, sondern einem vernunftbegabten Wesen gemäß ist, das sich inmitten der anderen und relativiert durch das gleichzeitige Vorhandensein der übrigen Völker sich selbst gegenübertritt. Die grundlegende Tatsache des „portugiesischen Seins" ist die, daß es unter Schwierigkeiten und dem Anschein nach „gegen die Natur" entstanden ist, d. h. „gegen den Lauf der Geschichte". Die Ausländer, die uns nicht kennen oder von unserer „Geschichte" nur wenig wissen, verstehen die Existenz dieses andersfarbigen Randstreifens innerhalb der gewaltigen Halbinsel nur schwer. Aber wir verstehen sie gut und denken an sie ohne Unterlaß. Nur zu gut wissen wir um jenes zerbrechliche Wunder einer Eigenständigkeit, die uns beunruhigt hat und uns erhöht. Wir lieben unsere Kleinheit und wir verabscheuen sie. Oder besser, wir würden sie verabscheuen, wenn uns nichts anderes übrigbliebe, als das Maß unseres idealen Seins durch das Maß unseres realen Seins anzugeben. Aber unser reales Sein war von Anfang an immer dieser durch die Verblendung durch das ideale gekennzeichnete Streifen ..., der uns zu werden ermöglichte, was wir bei realistischer Einschätzung der Dinge nur gegen alle Wahrscheinlichkeit werden konnten ...*

Unser Kampf mit den Mauren ist unter jedem Gesichtspunkt eine Wiedereroberung, eine «reconquista», und als er zu Ende geht, bildet der Übergang zu einer anderen Phase, nämlich der einer wirklichen Eroberung – einer «conquista» – für die regierende Elite der Nation zum ersten (und – wehe uns! – zum letzten) Mal ein schwerwiegendes moralisches Problem. Das bedeutet, daß die Übersteigerung des Nationalbewußtseins – in gewisser Weise durch unsere Ursünde, „klein zu sein", hervorgerufen (eine Ursünde, die von jener Übersteigerung sofort als „glückliche Schuld" gesehen wurde) – historisch nicht immer in derselben Perspektive erschien und nicht immer dieselbe historische Funktion hatte. Und das versteht man sehr gut. Denn einerseits ist das Kräfteverhältnis auf der Iberischen Halbinsel während der ganzen geschichtlichen Periode, die von den Ursprüngen bis zur Vereinigung der beiden Kronen von Aragón und Kastilien geht, für uns nicht ungünstiger als für andere kleine Königreiche auf der Halbinsel; und andererseits ist die «Reconquista» ein Gemeinschaftsunternehmen und kein übermensch-

liches Unterfangen – wie es der Fall wäre, wenn es nur unsere Sache gewesen wäre. Dazu kommt das natürliche gute Gewissen, das der Reconquista die Tatsache verlieh, daß sie „christlich" und infolgedessen eingebunden und symbolisch eingeschrieben war in ein internationales Unternehmen – dessen Vorhut das junge Königreich darstellt –, und man versteht leicht, daß das „National"gefühl – insofern man damals davon sprechen kann –, auch wenn es den Keim eines späteren Deliriums in sich hatte –, noch realistisch war, d. h. vom Realismus der Kreuzzüge geprägt war, zu denen es gehörte. Unsere historischen Taten – ebenso wie unser literarischer Ausdruck jener Taten – sind damals natürlich und werden von dem Bewußtsein, das Richtige zu tun, getragen. Die „Freundeslieder" zeigen es uns und Fernáo Lopes bestätigt es. Wir waren damals, was wir sein konnten, und wir konnten sein, was wir waren. Aber dies Gleichgewicht war selbst das Ergebnis eines Kampfes, den, wie es immer der Fall ist, nur eine Flucht nach vorn retten konnte. Die unsere war gespenstisch. Sie war in der Tat ohne Beispiel. Sie hieß Entdeckung und trug die Kolonialisierung in sich, die erste der Neuzeit, welche mit ihr zwar nicht begann, wie unser Größenwahn verkündet, aber von ihr verwandelt wurde. –

Hier nun ist die zweite Phase unseres übersteigerten Nationalgefühls anzusetzen oder, wenn man es genau nimmt, die erste, die diesen Namen verdient. Ein einziges historisches Dokument faßt sie zusammen: Die Lusiaden, unser himmlisches Vaterland. Man kann sagen, daß das, was Camões *bewegt, die „klar geschaute Wahrheit" ist, jene Wahrheit, die das antike Epos nach seiner Auffassung nicht gekannt hatte. Das ist richtig. Aber richtiger noch ist, daß ihn die Verblüffung, die Verwunderung über das Mißverhältnis zwischen dem „kleinen lusitanischen Haus" und den offenen Meeren, den Ländern bewegt, die er, gleichsam um sich selbst zu überzeugen, in jener epischen Litanei des 10. Gesangs aufzählt, welcher das Wunder von so viel Eroberung schon unruhig besingt ... Die Lusiaden scheinen eine neue Interpretation zu bekommen: sie sind nicht so sehr der Ausdruck des realen epischen Geschehens wie das epische Bewußtsein, das damals erst entstehen konnte mit dem Glanz und der Unbekümmertheit, die aufgrund des grandiosen Mißverhältnisses zwischen dem Handelnden und der Handlung erforderlich war ...*

So kommt bei uns zu dem normalen Konflikt zwischen dem „idealen Sein" und dem „realen Sein" eines Volkes die schon pathologische Spannung zwischen der Gegenwart und jener Vergangenheit, in der nur wir wirklich sind, was wir sind, aber es sein können, weil wir es einst gewesen sind – und diese Spannung geht insbesondere auf die Lusiaden zurück. Das Thema aber dieses archetypisch-großen Werks ist kein anderes als das der kolonisierenden Nation ...

Unser Entstehen als Staat war traumatischer Natur, und von diesem Traumatismus haben wir uns in der Tat nie so weit erholt, daß wir in vollem Sinn zur historischen Reife kämen, welche diesem unglaublich zerbrechlichen Sproß von den Göttern und Zeitaltern versprochen wurde, damit er entstehen konnte – geheimnisvoll-kräftig, so daß er es wagen konnte, weiterzubestehen ...

Die faszinierende Mischung von Prahlerei und demütiger Bescheidenheit, von maurischem Leichtsinn und sebastianistischem Vertrauen, von „fröhlicher Unbekümmertheit" und düsterer Vorahnung, die den Urgrund des portugiesischen Charakters bilden, ist mit diesem geschichts-losen Akt verbunden, der für alles, was entsteht, die Zeit seiner Geburt ist.[124]

(EDUARDO LOURENCO, *O Labirinto da Saudade*)

In seinem Aufsatz *Das Lachen der Götter* sucht der ungarische Religionsforscher Karl Kerényi den Sinn zu deuten, den für die Griechen das Lachen hatte. „Zwist und Spannung", schreibt Kerényi, „Kampf und Blutvergießen sind ihrer Natur nach titanisch. Ihr titanischer *Ernst* wird durch jenes Lachen vernichtet. Das ist sein Sinn ... Vor Zeus, dem lachenden Zuschauer, spielt das ewige Menschengeschlecht seine ewige menschliche Komödie ... Auch jenes Lachen quillt freilich aus titanischem Urgrund hervor: aus dem Urgrund der Natur der Götter selbst ... Das Lachen des Zeus hat ... seinen Grund in der titanischen Situation des Kampfes, seinen Sinn aber darin, daß der Kampf (der Götter), bei dem gelacht wird, seinen titanischen Charakter verliert."[125]

Vielleicht nirgends in Europa wird die Welt so wenig titanisch gesehen wie in Portugal. Von der Helle und vor allem der Milde des portugiesischen Humors wird alles Ewig-Dumpfe, Unabänderlich-Harte so sehr überstrahlt, daß auch das Titanische – soweit es überhaupt wirksam ist – keinen letzten Ernst zu haben scheint; vor dem Lachen, das aus dem „Erkennen" und besonders Anerkennen des Seins hervorquillt, werden alle Triebe leicht.

Die portugiesische Ironie ist gleichweit entfernt von der langatmigen, distanzierenden Ironie des „philosophierenden" Deutschen wie von dem vitalen, gemütvollen Humor des Deutschen aus dem Volk; von der espritvollen, schneidenden, kalten, nicht selten Befreiung suchenden Ironie des Franzosen wie von dem kauzig-hintergründigen, sich in vielfältigen Schattierungen brechenden Humor des Engländers. Dieser „Humor" – dem alten Sinn des Wortes: „Saft" – „Laune" – „Temperament" entsprechend letztlich eine biologisch-vitale Färbung des Menschen – ist ein Ausgehen aus sich selbst zur Versöhnung mit den anderen und mit der Natur; herzlich beim Volk; verfeinert bei den höheren Schichten; identisch bei allen dadurch, daß der Anlaß zum Lachen – oder Lächeln – als solcher, das „Ironische" als solches immer entscheidend ist und bleibt.

Hierin ist der portugiesische Humor das Gegenteil der beim Deutschen so häufig anzutreffenden Haltung. Wie oft deshalb Szenen, in denen sich ein Deutscher von der Ironie „getroffen", verletzt fühlt, der Portugiese aber gar nicht auf den Gedanken kommt, so gewirkt zu haben, gar nicht herausfinden kann, worin die Verletzung liegen soll. Denn er wollte, versichert er, weiterhin lachend, doch gar nicht kritisieren, verbessern – es war doch einfach nicht möglich, über den gegebenen Anlaß dem ironischen Humor nicht freien Lauf zu lassen.

Erst im Humor sind Ich und Welt versöhnt. Gleichzeitig über den Anlaß belustigtes Sehen und herzhaftes Quellen des Temperaments, ist in Portugal Humor mit Ironie, Ironie mit Humor in den eigentlich typischen Beispielen identisch.

Wie jede Ironie, so birgt auch die portugiesische ihre Gefahren. Ich und Wirklichkeit scheinen in der Heiterkeit gleichsam aufzugehen; der Stimulus, die Wirklichkeit zu gestalten und zu verändern, die Kraft, sich an ihr zu bewähren, können dadurch sekundär erscheinen; Wille, Disziplin und Arbeit sich für entschädigt halten durch den heiteren Blick, den lachenden Kommentar.

Da er eine gewisse Tendenz hat, Welt und Ich im Maßstab zu verzerren – nicht erst, wenn er in Satire und Karikatur übergeht –, nimmt der portugiesische Humor diesen zu leicht die Fülle, in der ein höherer Sinn sie erst ernst nimmt. Der Portugiese hat eine fast unüberwindliche Scheu, das, was ihm wirklich nahegeht, ihn ergreift, auch ernst zu formulieren, es überhaupt, als solches, auszusprechen – so daß der Gesprächspartner, formuliert jemand ernst, es nicht ernst nimmt. *Com a verdade me enganas* – „mit der Wahrheit führst du mich in die Irre", sagt ein portugiesisches Sprichwort, das diesen Zug so ernst-ironisch wiedergibt. In gewisser Weise ist der Portugiese mit diesem Zug exemplarisch-modern, wenn man darunter eine Tendenz zum „understatement" oder zum Überspielen dessen versteht, was einem am Herzen liegt, einen packt. Nur so, als wäre sie es nicht, ist nach diesem Seinsverständnis die Wahrheit auszusprechen.

Oft fehlt der Ironie die eigentlich tragende Basis. Nicht, daß der Humor allzu schnell abbräche – ein portugiesischer Autor etwa hält den ironischen Stil u. U. Hunderte von Seiten durch. Doch der Geist baut nicht zunächst eine Welt als Gefüge auf, um sie im nachhinein oder unterschwellig zu ironisieren, so daß sie zugleich als ernstzunehmende stehenbleibt. Auch in dieser Perspektive ist in übertriebener

Form jeder einzelne Zug der Welt sofort Anlaß zur Ironisierung, so daß der Gesamtblick zunächst auf die Ironie, als Ironie, dann auf die ironisierten Einzelzüge und erst in dritter Linie auf das Gesamtgefüge als „ironisierte Welt" fällt. – Gesellschaftliche Gruppen, historische Epochen, soziale Erscheinungen u. a. m. kommen daher als ganze, in ihren Verflechtungen, zu wenig in den (ironisierenden) Blick. Aus diesem Grund wird die Ironie auch leicht destruktiv: Einzelzüge verfestigen sich; das Lachen wird zum Selbstzweck. Eine solche sich im Kleinen verlierende – nicht selten egotistisch gefärbte – Ironie erschließt dann das Leben nicht, sondern verstellt es; die Erscheinungen werden zu einem Vorwand für eine sich am Detail ergötzende Belustigung.

Doch all diese Begrenzungen verblassen wieder vor dem elementaren Sprudeln, mit dem der portugiesische Humor auch dann für sich einnimmt, wenn er faktisch schadet. Böse kann man auf ihn kaum reagieren – oder höchstens dann, wenn er zum Zynismus entartet, was in bestimmten Schichten oder zu bestimmten Zeiten allerdings nicht selten geschieht. – In der Tat scheint der Portugiese – sehen wir einmal ab von der Melancholie – nur im Humor, in der Ironie ganz er selbst zu sein. Im Humor: weil sich darin die wesenhaft an die Begrenzung des Ichs und seiner Welt gebundene Herzlichkeit auf der einen Seite – der Portugiese „nimmt" nur den (einzelnen) Menschen „ernst", nicht die Menschen – und die Vorstellung von der inkommensurablen Größe der Welt auf der anderen Seite treffen und versöhnen. In der Ironie: weil die Disproportion zwischen dem kleinen Ich und der großen Welt, dem kleinen Land und der großen Geschichte, dem kleinen Vermögen und dem großen Anspruch nur in ihr eine Lösung finden kann – oder finden könnte. Der ursprünglichste Gestus[126] des Portugiesen ist vielleicht das die Disproportion ernst-lächerlich manifestierende Pathos oder aber die Zurücknahme dieses Pathos in der Heiterkeit des alle Disproportion lösenden Lachens – oder, eher, demütigen Lächelns.

Wenn diese Deutung des Gestus zutrifft, läge hierin die eigentliche Stimmigkeit zwischen dem Portugiesen als Menschen und seiner im Sinn Eduardo Lourenços zu Eingang dieses Kapitels interpretierten Geschichte.

REALITÄTSBEZUG UND PHANTASIE

Jedesmal, wenn jemand anfängt, über den Charakter des portugiesischen Volkes zu sprechen, steht zu vermuten, daß er an einem bestimmten Punkt der Analyse sagen wird, daß eine der bemerkenswertesten Eigenschaften unseres Geistes der Überschuß an Imagination ist. Durch einen unerklärlichen Zufall erweist sich diese gewöhnliche Stellungnahme als richtig. Der Portugiese leidet zweifellos an einem Überschuß an Einbildungkraft. –

Nun kranken die Leute, die eine überschüssige Imagination haben, fatalerweise an einem Fehler; dieser Fehler ist der Mangel an Imagination. –

Das kann jemandem, der, naiv, noch daran glaubt, daß es in dieser Welt Paradoxe gibt, wie ein Paradox vorkommen. Die Behauptung ist jedoch so leicht zu beweisen, daß es sich nicht lohnt, darauf zu achten, in welcher Form sie aufgestellt wird. Nehmen wir ein bekanntes Beispiel! Etwa jene modernen Literaten, die sich in ihrem Werk für die Narren, die Vagabunden und die von Geburt Kriminellen begeistern oder, auf einer Ebene, auf der weniger Blut fließt, für die „zerlumpten und bedrängten" Proletarier und ähnliches. Nun ist jeder Künstler – wenn nicht seiner gesellschaftlichen Stellung, so doch zumindest seinem Temperament nach – das Gegenteil von allem, was die Narren, die von Geburt Kriminellen und die Proletarier wirklich und wahrhaftig darstellen. Der Tatbestand, den wir hier vor uns haben, ist also der, daß seine Sympathie für solche Leute nur entstehen kann, weil er das zwanghafte Bedürfnis hat, aus den Dingen, in deren Umgebung er lebt, herauszukommen – das betrifft sowohl die gesellschaftliche Umgebung, in der es ihm darum geht, sich von den friedfertigen und lediglich wortreichen Leuten zu befreien, die die Künstler umschwirren, als auch die gleichsam nervliche Umgebung, d. h. die gewählte und anspruchsvolle Geistesverfassung, welche die Atmosphäre darstellt, in der der Künstler für sich selbst lebt. Und dieses Bedürfnis, aus der psychischen Atmosphäre, die er atmet, herauszukommen, geht ganz offensichtlich auf die Tätigkeit der überschüssigen Imagination zurück. Im übrigen bestätigt die Art von Literatur, die diese Gattung von Autoren besonders vertritt – übertriebene Begebenheiten, übertriebene Gefühle, verwikkelter und krankhafter Stil –, bestätigt das alles, daß es sich um ein Phänomen überschüssiger Einbildungskraft handelt. – Aber würden wir nun einen dieser Literaten zu den wirklichen von Geburt Kriminellen, zu den wirklichen Narren oder zu den wirklichen Proletariern hinführen und ihn dazu verdammen, nicht etwa, dieses Milieu zu durchschreiten, sondern darin zu leben, dann würde der arme Kerl nur dann nicht davonrennen, wenn man ihn nicht davonrennen ließe. Dieselbe gewählte nervliche und imaginative Verfassung, die seiner Begeisterung für dieses Milieus zugrunde liegt, würde ihm diese Begeisterung nehmen, wenn er darin verweilen würde. –

Wie ist dies Phänomen zu erklären? So, wie wir es zu Eingang sagten: mit dem Mangel an Imagination, die diejenigen charakterisiert, die zuviel Imagination haben. Nehmen wir an, es gelänge dem Künstler, wenn er sich in seinem Geist die Figuren, die ihn anziehen, genau vergegenwärtigt, sie sich wirklich, mit absoluter Deutlichkeit *in seiner Imagination zu vergegenwärtigen, dann entspräche diese Deutlichkeit einem Vorgeschmack von diesem Milieu selbst, und daraus ergäbe sich sofort jener Ekel dafür, den jeder wirkliche Kontakt hervorrufen würde. –*

Diese ganze Beweisführung hatte ihren Anlaß in dem Überschuß der Einbildungskraft des Portugiesen.

(FERNANDO PESSOA, *Sobre Portugal*)

Der Portugiese wird in seiner psychischen Grundlage mit angemessenem Annäherungswert durch drei Charakteristika bestimmt: (1) das Übergewicht der Imagination über die Intelligenz; (2) das Übergewicht der Emotion über die Leidenschaft; (3) die instinktive Anpassungsfähigkeit.

Mit dem ersten Charakteristikum unterscheidet er sich – durch einen Gegensatz – vom alten Griechen, dem er in der Schnelligkeit der Anpassung und der daraus folgenden Unbeständigkeit und Beweglichkeit sehr ähnlich ist.

Mit dem zweiten Charakteristikum unterscheidet er sich – durch

*einen Gegensatz – vom Durchschnittsspanier, dem er in der Intensität
und der Art des Gefühls ähnlich ist.*

*Mit dem dritten unterscheidet er sich vom Durchschnittsdeutschen; er
ist ihm ähnlich in der Anpassungsfähigkeit, aber die des Deutschen ist
rational und beständig, die des Portugiesen instinktiv und unbeständig.*

(FERNANDO PESSOA, *ebd.*)

*… Was uns an der Wahrheit am meisten fasziniert, ist die Leiden-
schaft, die sie auslöst, und nicht der Prozeß, in dem die Suche nach ihr
besteht, wobei der Blick auf das in ihr gerichtet ist, was fehlt, und nicht
auf das, was strahlt. …*

(EDUARDO LOURENCO, *O Labirinto da Saudade*)

*Der Portugiese ist zu allem fähig, sobald man ihn nicht dazu auffor-
dert, es zu sein. Wir sind ein großes Volk verhinderter Helden. Allen
Abwesenden schlagen wir den Schädel ein; ohne daß es uns schwerfiele,
erobern wir alle Frauen, von denen wir träumen, und munter wachen
wir am nächsten Morgen auf, spät, mit einer farbenprächtigen Erinnerung an alle Heldentaten, die noch durchzuführen sind. Jeder von uns
hat ein fünftes Reich in seinem Wohnviertel. … Heute sind wir ein
Tropfen trockene Farbe, hinterlassen von der Hand, die auf der Erd-
karte von links nach rechts Imperium schrieb. Es ist schwer zu unterscheiden, ob unsere Vergangenheit das ist, was unsere Zukunft ausmacht,
oder unsere Zukunft das ist, was unsere Vergangenheit ausmacht. …* [127]

(FERNANDO PESSOA, *Sobre Portugal*)

Die Portugiesen haben ein anderes Verhältnis zur Wirklichkeit als die Mitteleuropäer. Im psychologischen Bereich sind sie Realisten; da zeichnet sie ein sehr klarer Blick für charakterologische Eigenarten aus. Auch dem Freund, dem Geliebten gegenüber bleibt diese Klarheit ungetrübt – im Gegensatz etwa zum Deutschen, dem es nicht nur schwerzufallen pflegt, geachtete und geliebte Menschen zu kritisieren oder auch nur „objektiv" zu beurteilen, der anderen und nicht zuletzt sich selbst auch allerhand einzureden und in die Tasche zu lügen pflegt, nach der Maxime: „was nicht sein darf, das kann nicht sein" – eine Tendenz, die bekanntlich sehr oft bis zur Verlogenheit geht. Diese Tendenz ist in Portugal – wie wahrscheinlich in allen romanischen Völkern – weitaus weniger stark ausgeprägt.

Hinsichtlich der methodischen Erfassung der inneren und äußeren Wirklichkeit scheinen die Dinge dagegen gleichsam umgekehrt zu liegen. Ein portugiesischer Student, den man um eine Interpretation eines literarischen Textes bittet, liefert in aller Regel entweder eine nackte Inhaltsangabe oder aber flüchtet in allgemeine, mehr oder weniger abstrakte Erwägungen, die mit diesem Werk so viel oder so wenig zu tun haben wie mit tausend anderen.[128] Eine Umsetzung der literarischen Kategorien in wissenschaftliche, ein am Text gewonnenes, in einzelnen Schritten jeweils logisch begründetes Urteil erwartet man vergeblich. – Ein Wirtschaftsfachmann, um eine Stellungnahme zur ökonomischen Entwicklung während eines bestimmten Zeitraumes gebeten, liefert eine Fülle von Daten. Zeigt man sich damit nicht zufrieden, fügt er eine Analyse dieser Daten nach allen möglichen Wirtschafts- und anderen Theorien hinzu. Die Kriterien zu dieser Analyse in der Auseinandersetzung mit den Daten und den Theorien selbst zu erarbeiten kommt ihm nur in den seltensten Fällen in den Sinn. – Ein Gutsherr, der seinem Besitz verbunden ist, zeigt einem Besucher jede Ecke seines Guts, liebevoll gepflegt und bis in den letzten Winkel seit Generationen vertraut. Zwingt ihn die soziale und wirtschaftliche Lage zu Veränderungen, verliert er nicht selten buchstäblich den Boden unter den Füßen; aus den Gegebenheiten seines Gutes und den Bedingungen des Marktes klare Schlußfolgerungen für strukturelle Änderungen zu ziehen fällt ihm äußerst schwer; demgegenüber besitzt er ein äußerst großes Geschick, Detailänderungen vorzunehmen bzw. sich einem Wechsel einzelner Marktgegebenheiten o. ä. anzupassen.

Auf der einen Seite also die Haltung des Praktikers, die Nähe zur Umwelt und das unmittelbare humane Verständnis; auf der anderen geradezu ein Schwelgen in Allgemeinheiten, in Theorien. Zwischen diesen beiden Polen eine breite Kluft. Die Wirklichkeit wird nicht detailliert in Gedanken umgesetzt, sie wird eher übernommen – oder übersprungen. Der für die portugiesische Geschichte bezeichnende Ablauf in Schüben ist vielleicht nichts anderes als die Manifestation dieser Einstellung zur Wirklichkeit: auf Perioden der An- und Einpassung in soziale Gegebenheiten – und des selbstverständlichen Nutzens ihrer Möglichkeiten – folgen solche eines gewaltsamen Aufbrechens starr gewordener Formen; und dies Aufbrechen vollzieht sich in leidenschaftlichen Debatten und nicht-koordinierten Handlungen – Debatten, die durch ihren Mangel an Realitätsgehalt keine ausreichende Basis für fruchtbare Lösungen abgeben. Daher verfällt nach der Phase der Erregung leicht alles wieder in eine feste neue Form. Statt der Evolution also – Zeichen eines Geistes, der mit der Welt in ständiger Auseinandersetzung steht – eine Bewegung in Schüben: Verfestigung der Form – Aufbrechen der Form; in schwierigen Epochen: Stagnation – Revolution. – Das intellektuelle Leben wirkt in Portugal auch deswegen dünner als in Mitteleuropa, weil zu wenig Wirklichkeit in die Urteilsbildung aufgenommen, zu wenig „Materie" verarbeitet, umgesetzt wird.

In diesen Zusammenhang gehört auch das von Ausländern wie von Portugiesen selbst immer wieder hervorgehobene – bereits angesprochene[129] – Prinzip der *paciência*. *Paciência*, eigentlich „Geduld", heißt, als Interjektion oder elliptische Stellungnahme, soviel wie: „ach, das macht nichts!", „es lohnt sich nicht, sich aufzuregen!", „da kann man halt nichts machen!", „nur ruhig Blut!".

Eine Ernte bringt nichts ein, weil man rechtzeitiges Düngen vernachlässigt hat – *paciência!*. – Die Inflation klettert auf dreißig und mehr Prozent, weil zu externen Problemen eine inadäquate Wirtschaftspolitik kommt – *paciência!*. – Ein begabter Student fällt im Examen durch, weil er am Tag vorher gefeiert hat oder der Prüfer über das Thema hinausgehende Fragen stellt – *paciência!*.

Auf der einen Seite bewahrt diese Haltung vor Komplexen und Irritationen und gibt der portugiesischen Seele ihre Milde. Auf der anderen Seite treibt sie die Hinnahme des Faktischen bis ins Unzulässige – wie der Portugiese selbst empfindet: er pflegt diese Haltung resigniert oder kritisch zu kommentieren. – Nur zu verständlich, daß nach den von der *paciência* zu sehr beherrschten Zeitläuften – im Kleinen wie im Großen – „Revolutionen" nötig werden.

Ein für Mitteleuropäer manchmal fast „sündhaftes" Gottvertrauen dokumentiert die gleiche Haltung. Dem Besitzer, der seinen Dünger zu spät kommen läßt, sagen Freunde eine schlechte Ernte voraus – „das wird schon noch klappen!". – Fachleute prophezeien bei der Inflationsquote und den mangelhaft koordinierten Maßnahmen ein Wirtschaftschaos – „so ernst wird es schon nicht werden!". – Die Eltern raten dem Studenten, sich vor dem Examen auszuschlafen und auf die bekannten Tücken des Prüfers achtzugeben – „macht euch mal keine Sorgen, da geht schon nichts schief!". – Bis zum offenen Leichtsinn kann dieses Gottvertrauen gehen. Da brennen, nach monatelanger Hitze ohne Regen, ganze Wälder ab – und die Bauern verbrennen abgestorbene Pflanzen lichterloh an einer Schneide drei, vier Meter von einem Pinienwald entfernt; auf den Hinweis, ein Funke genüge, um den Wald in Flammen zu setzen, schauen sie dumpf-verharrend drein oder lächeln nichtssagend-besserwisserisch, weiterhin munter in den Flammen stochernd.[130] – Da repariert ein Mechaniker, mühsam auf einem dünnen Brett balancierend, eine Maschine, ohne sie abzustellen, und quittiert den Rat, seine Glieder nicht zu riskieren, mit dem Lachen: „Bloß keine Sorge!" – Da sagt ein Fachmann, den man eigens vom Ausland hergebeten hat, der Regierung ein katastrophales „Niveau" bei Ärzten, Ingenieuren oder Lehrern voraus, wenn die Studienordnung und anderes nicht drastisch geändert und reichlich Gelder zur Verfügung gestellt würden – und die Regierung legt die Berichte befriedigt für ein paar Jahre zu den Akten.[131] – Die portugiesische Geschichte ist im Privaten wie im Offiziellen eine Folge solch geradezu atavistischen Gottvertrauens, das auf eine wundersame Lösung, auf irgendeinen Dom Sebastião im allerletzten Augenblick setzt. Im Guten wie im Bösen.

Auch im Guten! Denn dank dieses Gottvertrauens wagt sich der verarmte Landarbeiter ins ferne Mitteleuropa und vertraut sich und seine Familie einem ungewissen Schicksal an. Dank dieses Gottvertrauens verliert das „Volk" – das sich im Alltag viel zu viel gefallen läßt – auch

nach jahrhundertelanger Misere seine Hoffnung nicht und seine Bereitschaft mitanzupacken, wenn ihm jemand Mut macht oder die Bedingungen Anlaß zu neuem Mut geben. Dank dieses Gottvertrauens
nehmen Tausende und Abertausende unzählige Hindernisse und Gefahren in Kauf, ohne zu verzweifeln. Und dank dieses Gottvertrauens
bewahren sich die Portugiesen ihre beneidenswerte innere Heiterkeit,
die von der „Sorge" des Mitteleuropäers so befreiend absticht. [132]
   Der Übergang des Landes in die „Moderne" ist gerade in dieser
Beziehung durchaus ambivalent.
   Der Sprung über die Realität hinweg zeigt sich nicht nur in Theorien; er zeigt sich vor allem in der Phantasie. Der Portugiese hat eine
äußerst lebendige, helle, sehr nuancierte und variationsfreudige
Phantasie. Die Welt dieser Phantasie ist für ihn eine Realität. Diese
Phantasie ist nicht so sehr ein Entwurf des Geistes, der, von der Wirklichkeit kommend, diese, verwandelt, als persönlich gestaltete „Pla-
stik" in den Raum hinein entwirft – nicht so sehr "imagination", sondern eher "fantasy": ein fortzeugendes Sprühen eines innere und
äußere Umwelt verklärenden Ichs. Für diese Phantasie ist das Unmögliche möglich: die Entdeckung einer neuen Welt durch ein kleines
Volk, mit den bescheidensten Mitteln; das Leben eines Bauern, der in
die Fremde auswandert, ohne zu wissen, wo dieses fremde Land liegt;
eine humane Neugestaltung des Vaterlandes kurz vor dem Ruin – oder
nach ihm; die Bewaffnung des Volks und Entwaffnung der Soldaten
zur Rettung der Nation ... Wo das Unmögliche „real" möglich ist, wo
nicht, läßt sich bei diesen „Kindern der Phantasie" erst im nachhinein
ausmachen. Wo ein Mitteleuropäer – im Kleinen wie im Großen – von
Unvernunft spricht – „die Bedingungen lassen dies oder jenes Unternehmen nicht zu, machen es sinnlos, unrentabel ..." –, setzt der „un-
vernünftige" Portugiese sein ganzes Engagement drein: um zu schei-
tern – oder zu beschämen. [133]
   Im Gegensatz zu mitteleuropäisch-spießbürgerlicher Haltung
steckt in Gottvertrauen und Phantasie ein ungemein reiches Potential
an konstruktiven Kräften für die Zukunft; das Potential wäre in koor-
dinierte Bahnen zu lenken. Soviel zur politischen Seite. Was aber das
Verständnis des Portugiesen angeht: kindlich anmutende Weltgläubig-
keit, ritterliches Anstreben des Wunderbar-Unmöglichen, Don-Qui-
chotte-Haltung, Tausendundeine-Nacht-Gesinnung: wer diese Züge
einer heute in Mitteleuropa mittelalterlich anmutenden Haltung nicht
ernst nimmt, wird der portugiesischen Seele nicht gerecht werden; er
wird Maßstäbe setzen, mit denen sich der Genius dieses Volks nicht
fassen läßt.

DAS LICHT

„Vergebens bemühen wir uns", schreibt Goethe in seinem Vorwort zur *Farbenlehre*, „den Charakter eines Menschen zu schildern; man stelle dagegen seine Handlungen, seine Taten zusammen, und ein Bild des Charakters wird uns entgegentreten. – Die Farben sind die Taten des Lichts, Taten und Leiden. In diesem Sinn können wir von denselben Aufschlüsse über das Licht erwarten. Farben und Licht stehen zwar untereinander in dem genausten Verhältnis, aber wir müssen uns beide als der ganzen Natur angehörig denken: denn sie ist es ganz, die sich dadurch dem Sinne des Auges besonders offenbaren will."[134]

Das Licht enthüllt das Wesen der Natur im Medium eines bestimmten Landes.

Wieviel ist nicht über das Licht Griechenlands gesagt worden! Noch fehlen die Augen, die uns eine Variante des griechischen Lichts erschließen: das portugiesische Licht. Während vom Meer sehr häufig gesprochen wurde, ist das Licht bisher kaum beschrieben worden.

Das Licht der griechischen Landschaft hat Hofmannsthal mit den Worten gedeutet: „Der erste Eindruck dieser Landschaft, von wo man sie betrete, ist ein strenger. Sie lehnt alle Träumereien ab, auch die historischen. Sie ist trocken, karg, ausdrucksvoll und befremdend wie ein furchtbar abgemagertes Gesicht; aber darüber ist ein Licht, dessengleichen das Auge nie zuvor erblickt hat und in dem es sich beseligt, als erwache es heute erst zum Sinn des Sehens. Dieses Licht ist unsäglich scharf und mild zugleich. Es bringt die feinste Einzelheit mit einer Deutlichkeit heran, einer sanften Deutlichkeit, die einem das Herz höher schlagen macht, und es umgibt das Nächste – ich kann es nur paradox sagen – mit einer verklärenden Verschleierung. Es ist mit nichts zu vergleichen als mit Geist. In einem wunderbaren Intellekt müßten die Dinge so liegen, so wach und so besänftigt, so gesondert und so verbunden – wodurch verbunden? Nicht durch Stimmung, nichts ist hier ferner als dies schwimmende, sinnlich-seelische Traumelement – nein – durch den Geist selbst."[135]

Die „verklärende Verschleierung auch des Nächsten", die „sanfte Deutlichkeit der feinsten Einzelheit", das „gesondert und verbunden, scharf und milde zugleich" – all dies gilt in gleicher Weise für das portugiesische Licht – wie für den portugiesischen Menschen. Doch ein „sinnlich-seelisches Traumelement" – die *saudade* – verwandelt hier die herbe attische Geistigkeit; und auch das Dunkel der Nacht, der dionysische Rausch und die titanische Gewalt haben hier ungleich weniger Raum. Die Farben – „die Taten und Leiden des Lichts" – haben in der äußeren wie in der inneren portugiesischen Landschaft einen leichteren, vertraulicheren, weicheren Ton.

Dieser Ton wechselt. In Lissabon ist er rosiger als im Algarve; in Coimbra leuchtet er weicher; im Minho schimmert er grün-golden in den Pinien; und auf den Bergen im Nordosten ruht er wie eine Glocke in blauem Glanz. Überall ist er human: taucht Taten und Leiden des Menschen in den Frieden der Ewigkeit, vergoldet auch Elend und Armut.

STATT EINES NACHWORTS

Wie beim einzelnen, so ist auch bei der Betrachtung von Völkern der Blick „von außen" und der „von innen" prinzipiell verschieden, jede Blickrichtung liefert spezifische Ergebnisse. Hinzu kommen spezifische Sichtweisen bestimmter Gruppen.

Der *Racine* der deutschen Romanistik war und ist nicht der *Racine* der französischen Romanistik; der *Racine* eines Theaterbesuchers ist nicht der *Racine* der Fachwissenschaft; und der *Racine* eines deutschen – an Schiller, Kleist oder Brecht geschulten – Theaterbesuchers ist nicht der *Racine* eines an der französischen Klassik geschulten Theaterbesuchers aus Paris.

Die Unterschiede zwischen den jeweiligen „Bildern" pflegen um so stärker zu sein, je stärker sich die „Welten" voneinander unterscheiden, in denen die Betrachter leben. Die Unterschiede zwischen den „Bildern", die die französischen und deutschen Romanisten von *Racine* zeichneten, waren noch vor zwanzig, dreißig Jahren außerordentlich groß – und relativ gering war die Wirkung, die das in Deutschland entworfene „Bild" auf das in Frankreich gezeichnete ausübte, von ganz wenigen Ausnahmen abgesehen. In den letzten Jahrzehnten haben sich die „Welten", in denen Franzosen und Deutsche leben, stärker einander angenähert als in den Jahrhunderten davor; dementsprechend laufen die Sichtweisen und Kriterien sowohl der wissenschaftlichen als auch der nicht-wissenschaftlichen Betrachtung aufeinander zu.

Zu den angedeuteten Problemen kommt hinzu, was man die „Intertextualität der Bilder" genannt hat[136]: „Bilder", die sich einmal durchgesetzt haben, einmal ins allgemeine Bewußtsein eingedrungen sind, pflegen sich festzusetzen und weiterzuwirken – nicht selten unterschwellig; und dabei pflegt ein „Bild" das andere zu stützen, zu fundieren, zu variieren. Bis zu einem gewissen Grad führt das Bildmaterial als ganzes eine Art Eigenleben.

Die Unterschiede zwischen der portugiesischen „Welt" und der deutschen sind noch heute gewaltig. Vor zwanzig, dreißig Jahren aber hatte man, kam man nach Portugal, den Eindruck, „Europa" zu verlassen – der portugiesische (und spanische) klassische Wortgebrauch des Terminus „Europa" = „Mitteleuropa", d. h. eben *nicht* Portugal (oder Spanien) gab diesen Eindruck prägnant wieder. Die Grenzen waren nicht nur politische Grenzen, es waren Barrieren in jeder Beziehung.

Entsprechend hat Portugal, als ein Land „ganz eigener Art", auch seine Selbstdeutung. Diese Selbstdeutung hatte nichts – oder sehr wenig – zu tun mit dem, wie man Portugal in Deutschland, Frankreich, England ... sah.

In Deutschland griffen einige Portugalkenner und Portugalliebhaber aus den in der portugiesischen Selbstdeutung immer wieder vorkommenden Phänomenen einige heraus und suchten davon ihre Interpretation zu geben: *saudade, sebastianismo*, die Motive der mittelalterlichen Freundschafts- und Liebeslieder, der sog. *„lusitanismo"* ...; hinzu kamen historische und literarhistorische „Eckdaten" und eine Handvoll volkspsychologischer Beobachtungen.

Diese „Einzelbilder", von denen die Bildbände, Zeitschriften, Reiseführer zum guten Teil noch heute leben[137], gaben von der innerportugiesischen Gesamt-Selbstdeutung selbstverständlich nur einen verhältnismäßig schmalen Ausschnitt wieder.

In den letzten beiden Jahrzehnten hat sich Portugal mit ungewöhnlicher Entschiedenheit Mitteleuropa zugewandt; die Kontakte in Politik, Wirtschaft, Industrie, Wissenschaft, Tourismus usw. haben eine Intensität und Breite erlangt wie nie zuvor in der achthundertjährigen Geschichte.

Doch ist Vorsicht geboten: auch heute sind die Wechselwirkungen zwischen hüben und drüben nicht sehr zahlreich. 90% des portugiesischen Volks kennt Deutschland aus Erzählungen, aus dem Fernsehen, aus der Zeitung. So wie der *Racine* eines in der französischen Literatur bewanderten Theaterbesuchers ein anderer ist als der eines Abonnenten, der die Aufführung „pflichtgemäß mitnimmt", ist das Deutschlandbild eines Portugiesen, der mit Deutschen konkreten Kontakt hat, ein anderes als das der erwähnten 90% des portugiesischen Volks. Entsprechendes gilt umgekehrt.

Trotzdem haben – weit abrupter als im Fall Frankreich – Deutschland – die Entwicklungslinien der „Welten", in denen Portugiesen und Deutsche leben, ihre Richtung im Sinn der Konvergenz geändert. Diese Konvergenz ist zugleich eine Chance und eine Gefahr. Die Chance, daß man sich in Teilbereichen einer identischen „Welt" trifft und in diesen Teilbereichen identische Maßstäbe zur Beurteilung der jeweiligen Phänomene entwickelt. Die Gefahr, über den zeitgenössischen Druck der Konvergenz die jahrhundertelang vorherrschende – heute nach wie vor bei 90% der jeweiligen Bevölkerung verbreitete –

und insgesamt naturgemäß sehr lebendig weiterwirkende Divergenz zu übersehen oder zu verdrängen. Auch die zum Klischee geronnene Deutung ist eine Verdrängung ...

Ich habe mich bemüht, in der Perspektivik dieses Essays eine Scheitellage zwischen dem Blick „von innen" und dem „von außen" konsequent einzuhalten.

Eine solche Scheitellage sucht die Bibliographie am Ende des Bandes weiter zu fördern. Besonders die zur „portugiesischen Kultur" und zur „Deutung" Portugals genannten und kurz kommentierten Werke eröffnen dem Leser einen breiten und zuverlässigen Zugang zu dem, wie Portugal sich selbst sah und sieht, und zu Deutungen, die von Deutschen versucht wurden.

Wenn es gelungen sein sollte, eine Brücke zu schlagen zwischen den „Bildern", die die Portugiesen Jahrhunderte hindurch von sich selbst entworfen haben und die sie heute auf die wesentlichen Punkte zu komprimieren suchen, und den fruchtbaren „von außen" entworfenen „Bildern" und Überlegungen, die sich jedem unbefangenen Betrachter aufdrängen, hat der Essay seine Funktion erfüllt. Es geht darum, einen Dialog zu fördern oder in Gang zu bringen, der die unterschiedlichen „Bilder" dadurch zur Deckung bringen oder doch wenigstens so weit wie möglich einander annähern soll, daß man das (jeweils) andere Land und sein Selbstverständnis (ohne das es keine Nation gibt) historisch wie synchron möglichst *vollständig* – dem Ineinanderwirken der verschiedenen Lebenserscheinungen entsprechend – vor das innere Auge rückt und jedes verengende und verfälschende Teilinteresse zurückdrängt ...

ANMERKUNGEN

[1] Bei diesen „unseligen Folgen" handelt es sich nicht unbedingt in erster Linie um politische.

[2] Man hat den Begriff „Entwicklungsland" auch auf Portugal angewandt. Insgesamt herrscht in der zeitgenössischen wirtschafts- und sozialwissenschaftlichen Literatur indessen die Auffassung vor, daß Portugal *im strengen Sinn* kein Entwicklungsland darstellt. Wie uns scheint, zu Recht. Doch weist es *sehr viele* strukturelle Affinitäten zu einem „echten" Entwicklungsland auf. Stichwortartig lassen sich einige der wesentlichen Charakteristika eines Entwicklungslandes vielleicht folgendermaßen resümieren:

a) Auseinanderfallen der Bevölkerung in einen kleinen herrschenden Teil und in eine große Mehrheit (90% und mehr), die das „Volk" bildet; geringer Mittelstand.

b) Konzentration der wirtschaftlichen, politischen, administrativen Macht an einem oder an einigen wenigen Punkten (wasserkopfartige Funktion einer oder weniger Städte oder Großräume); Zentralismus; keine bürgerlich-demokratische Staats- und Wirtschaftsform wie in Amerika, Europa u. ä.

c) Quelle des Reichtums der dünnen herrschenden Schicht ist einmal interner Reichtum, Macht usw., dann aber vor allem (auch) die „Teilnahme" am internationalen Wirtschafts-, Kapital-, Finanzmarkt (dualistische Wirtschaft: internationaler Kreislauf, an dem die dünne Schicht teilnimmt; interner Kreislauf – oft sogar lokal gebundene mehrere/viele interne Kreisläufe –, gebildet vom „Volk", das im übrigen in mehr oder weniger starkem Maße [noch] eine Subsistenzwirtschaft bildet: man lebt [nur] von dem, was man selbst anbaut/hat [äußerst geringe Geldmittel!]).

d) Gebundene „Gemeinschaft" als Lebensform des „Volks" (im Gegensatz zur „bürgerlichen Gesellschaft").

e) Weitgehend unterschiedliche Lebens*modelle* (Religion, Kultur, Sitten u. ä.) für die herrschende Schicht auf der einen, das „Volk" auf der anderen Seite.

f) Abrupter Übergang von dieser „klassischen" Verfassung in die „Moderne" – so daß insbesondere das „Volk" einen „Sprung" macht, der dem „Sprung" vom „Mittelalter" in die Moderne vergleichbar ist.

In bezug auf Portugal wird man für diese Punkte sagen können:

Zu a) Die herrschende Schicht ist weniger reich und mächtig, breiter gestreut, diversifizierter als in einem „typischen" Entwicklungsland. – Der Mittelstand war in Ansätzen immer da, ist aber nicht breit und gesichert.

Zu b) Großraum Lissabon (– daneben immer stärker: Großraum Aveiro –

Porto – Póvoa de Varzim und darüber hinaus); Zentralismus. – Die Provinz
bietet auch heute noch relativ geringe Gegengewichte.

Zu c) Seit dem Ende des Mittelalters – d. h. schon vor dem Zeitalter der
Entdeckungen – bildet sich diese dualistische Wirtschaftsform heraus; doch
steht daneben – wenn auch weit weniger einflußreich – eine intern konstitu-
ierte Wirtschaftsmacht. Die Subsistenzwirtschaft nimmt heute rapide ab.
Ebenso das „Gemeinschaftsgefühl"; der „einzelne" als „Element der Gesellschaft" tritt besonders bei der Jugend viel stärker hervor. Im ganzen dürften
wir in der jungen Generation weder eine „Gemeinschaft" noch eine „Gesellschaft" haben, sondern – sehr variable – Mischformen.

Zu d) Es wurden natürlich immer bürgerliche Lebens- und Gedanken-
formen entwickelt (Einfluß Europas!); doch heute in einem ganz anderen
Ausmaß als noch vor 15 bis 20 Jahren.

Zu e) Die Religion – der Katholizismus – ist für das *ganze* Land die ganze
Geschichte hindurch der „verbindliche" Orientierungsrahmen. – Im Ausbil-
dungswesen, der Literatur usw. entsteht seit der Zeit des Humanismus ein
Bruch; hier fallen die Maßstäbe für das „Volk" und das „Nicht-Volk" weitgehend auseinander. – Im Bereich Kunsthandwerk, Hausbau, Mobiliar usw.
herrscht dagegen weitgehend ein für alle verbindlicher Stil – abgesehen von
aus dem Ausland übernommenen Moden der Oberschicht, die für das „Volk"
schon aus finanziellen Gründen nicht erschwinglich sind.

Zu f) Der „Sprung" wird hier – ein wenig! – vermittelt durch den in Ansätzen bestehenden Mittelstand, kulturelle, politische u. a. historische Tendenzen, die schon weit zurückreichen; doch im ganzen gilt für die große Mehrheit der abrupte Übergang vom Mittelalter in die Moderne. Vor etwa 15 bis 20
Jahren hatte es fraglos mehr Sinn, Portugal mit den Kriterien eines Entwicklungslandes zu beschreiben. Inzwischen haben Industrialisierung, Modernisierung, Dezentralisierung, Demokratisierung u. a. zu einem Waren-, Geld- und
Kapitalmarkt geführt, der auf den verschiedensten Ebenen operiert. Wer an
diesem Markt teilnimmt, kann es zu ansehnlichem Reichtum bringen, gerade
auch im (breiter werdenden) Mittelstand (und sogar auf dem Land). Benachteiligt ist vor allem der Teil des „klassischen Bürgertums", der von den *rendi-
mentos* lebte, d. h. von festen Einnahmen (Häuser, Güter o. ä.) und der die
Einnahmequellen den veränderten Rahmenbedingungen entsprechend nicht
umstrukturieren kann (oder will); und benachteiligt ist jene untere Schicht,
die von dem neuen Waren-, Geld- und Kapitalkreislauf ausgeschlossen bleibt.
„Portugals Lage ähnelt immer mehr jener der Entwicklungsländer, die ihre
Auslandsschulden und die damit verbundenen Zinslasten in nächster Zukunft
kaum noch bezahlen können: hoher Verschuldungsgrad, Abhängigkeit gegenüber dem IWF, Spezialisierung auf Exportprodukte von in entwickelten Ländern in Krise befindlichen Industriezweigen, Krise des Inlandmarktes und zunehmende Verarmung der Bevölkerung. Da diese Länder auf Devisen ange-
wiesen sind, versuchen sie, ausländischem Kapital günstige Investitionsbedin-
gungen, niedrige Löhne und restriktive Arbeitsgesetze anzubieten, wodurch
der Anteil des Exports an der Produktion immer größer wird und die Schwierig-

keiten für die Bevölkerung zunehmen!", schreiben G. und A. Decker (*Portugal*, S. 91). Die Rahmenbedingungen des Landes als solchem trifft ein derartiger Kommentar; an den konkreten Lebensbedingungen des Großteils der Portugiesen heute geht er dagegen vorbei. Wer vergleicht, was die Mehrheit der Portugiesen vor 15 bis 20 Jahren gegessen hat und was sie heute ißt, wie sie damals gekleidet war, wie heute, welche Wohnungs- und Arbeitsbedingungen damals herrschten und welche heute, kann von einer „zunehmenden Verarmung" nicht reden. Daß allerdings ein Teil der Bevölkerung von dem Aufschwung ausgeschlossen bleibt, ja hauptsächlich die Schattenseiten auszubaden hat, ist leider auch nicht zu bestreiten. Doch ist dies heute ein Problem nicht nur der Entwicklungsländer, der Schwellenländer – all der Länder, die mit Schulden modernisieren –, sondern auch der Industrieländer selbst. Wer redet schon von den Millionen Menschen, die im Wirtschafts-Musterland Deutschland unterhalb der Armutsgrenze leben?

[3] Um sich diesen Schritt vor Augen zu führen, kann man von einer Stelle aus Brechts *Das Leben des Galilei* ausgehen, dem Dialog zwischen Galilei und dem kleinen Mönch.

DER KLEINE MÖNCH: Ich bin als Sohn von Bauern in der Campagna aufgewachsen. Es sind einfache Leute. Sie wissen alles über den Ölbaum, aber sonst recht wenig. Die Phasen der Venus beobachtend, kann ich nun meine Eltern vor mir sehen, wie sie mit meiner Schwester am Herd sitzen und ihre Käsespeise essen. Ich sehe die Balken über ihnen, die der Rauch von Jahrhunderten geschwärzt hat, und ich sehe genau ihre alten abgearbeiteten Hände und den kleinen Löffel darin. Es geht ihnen nicht gut, aber selbst in ihrem Unglück liegt eine gewisse Ordnung verborgen. Da sind die verschiedenen Kreisläufe, von dem des Bodenaufwischens über den der Jahreszeiten im Ölfeld zu dem der Steuerzahlung. Es ist regelmäßig, was auf sie herabstößt an Unfällen. Der Rücken meines Vaters wird zusammengedrückt nicht auf einmal, sondern mit jedem Frühjahr im Ölfeld mehr, so wie auch die Geburten, die meine Mutter immer geschlechtsloser gemacht haben, in ganz bestimmten Abständen erfolgen. Sie schöpfen die Kraft, ihre Körbe schweißtriefend den steinigen Pfad hinaufzuschleppen, Kinder zu gebären, ja zu essen, aus dem Gefühl der Stetigkeit und der Notwendigkeit, das der Anblick des Bodens, der jedes Jahr von neuem grünenden Bäume, der kleinen Kirche und das Anhören der sonntäglichen Bibeltexte ihnen verleihen können. Es ist ihnen versichert worden, daß das Auge der Gottheit auf ihnen liegt, forschend, ja beinahe angstvoll; daß das ganze Welttheater um sie aufgebaut ist, damit sie, die Agierenden, in ihren großen und kleinen Rollen sich bewähren können. Was würden meine Leute sagen, wenn sie von mir erführen, daß sie sich auf einem kleinen Sternklumpen befinden, der sich unaufhörlich drehend im leeren Raum um ein anderes Gestirn bewegt, einer unter sehr vielen, ein ziemlich unbedeutender! Wozu ist jetzt noch solche Geduld, solches Einverständnis in ihr Elend nötig oder gut? . . . Es liegt also kein Auge auf uns, sagen sie. Wir müssen nach uns selber sehen, ungelernt, alt und verbraucht, wie wir sind? Niemand hat uns eine Rolle zugedacht außer dieser irdischen, jämmerlichen auf einem

winzigen Gestirn, das ganz unselbständig ist, um das sich nichts dreht? Kein
Sinn liegt in unserem Elend, Hunger ist eben Nichtgegessenhaben, keine
Kraftprobe; Anstrengung ist eben Sichbücken und Schleppen, kein Verdienst?
Verstehen Sie da, daß ich aus dem Dekret der Heiligen Kongregation ein edles
mütterliches Mitleid, eine große Seelengüte herauslese?

GALILEI: Seelengüte! Wahrscheinlich meinen Sie nur, es ist nichts da, der
Wein ist weggetrunken, ihre Lippen vertrocknen, mögen sie die Soutane
küssen! Warum ist denn nichts da? Warum ist die Ordnung in diesem Land nur
die Ordnung einer leeren Lade und die Notwendigkeit nur die, sich zu Tode zu
arbeiten? Zwischen strotzenden Weinbergen, am Rand der Weizenfelder! Ihre
Campagnabauern bezahlen die Kriege, die der Stellvertreter des milden Jesus
in Spanien und Deutschland führt. ... Und kommen sie mir nicht mit der
Schönheit von Phänomenen, die das Alter vergoldet hat. Wissen Sie, wie die
Auster Margaritifera ihre Perle produziert? Indem sie in lebensgefährlicher
Krankheit einen unerträglichen Fremdkörper, z. B. ein Sandkorn, in eine
Schleimkugel einschließt. Sie geht nahezu drauf bei dem Prozeß. Zum Teufel
mit der Perle, ich ziehe die gesunde Auster vor. Tugenden sind nicht an Elend
geknüpft, mein Lieber. Wären ihre Leute wohlhabend und glücklich, könnten
sie die Tugenden der Wohlhabenheit und des Glücks entwickeln. Jetzt
stammen diese Tugenden Erschöpfter von erschöpften Äckern, und ich lehne
sie ab. Herr, meine neuen Wasserpumpen können da mehr Wunder tun als ihre
lächerliche übermenschliche Plackerei. (Bertolt Brecht, *Gesammelte Werke*,
Bd. 3, Werkausgabe Suhrkamp, Frankfurt a. M. 1967, S. 1294f.)

Das Stück spielt zur Zeit der Renaissance. Hintergrund ist die damalige Gesellschaftsstruktur: eine Handvoll geistlicher und weltlicher „Herren" diskutiert, nach welchen Maßstäben und in welche Richtung das Leben des „Volks"
zu steuern sei. Diese Gesellschaftsstruktur herrschte in Portugal bis zur Nelkenrevolution in den meisten Teilen des Landes ungebrochen und ändert sich
erst jetzt tiefgreifend.

Wer verstehen will, was durch die rapide Übernahme der Technologie, der
Industrialisierung, der Ideologien in Portugal – wie in der Dritten Welt – geschieht, tut gut daran, sich vor Augen zu halten, daß die „Völker" dieser
Länder den jahrhundertelangen Prozeß, den Europa seit Galilei bis heute
durchgemacht hat, nicht kennen und in der Regel nur eine schmale Oberschicht „aus der Ferne" daran teilnahm. Die im Zeitalter der Reformation
breit einsetzende Diskussion um die religiösen Werte, die zunehmende Auflö-
sung der Transzendenz, dem kritischen modernen Menschen nur noch in ge-
spannt-gläubigem Aufschwung zugänglich; die vielfachen „kopernikanischen
Wenden": in der Astronomie die Reduzierung der Erde zu einem „Gestirn ...
unter sehr vielen, einem ziemlich unbedeutenden"; in der Philosophie die
immer stärkere Relativierung der Weltgesetze auf die Denk- und Anschauungsformen des Menschen, wobei das Ewige weitgehend auf einen „hinter"
dem Weltlichen liegenden, unanschaulichen, dem „Volk" kaum faßbaren
„Idealismus" oder „Transzendentalismus" verwiesen wurde, insbesondere seit
Kant und seinen Nachfolgern; in den Naturwissenschaften die Quantifizie-

rung, Partikularisierung und Mechanisierung des Weltbilds und der einzelnen Problemstellungen – die geistigen Implikationen lassen sich am Zwist zwischen Goethe und Newton plastisch ablesen (vgl. dazu etwa das Nachwort zur *Farbenlehre* von Carl Friedrich v. Weizsäcker, *Goethes Werke*, Hamburger Ausgabe, Bd. 13, S. 537 ff.); in der Politik die zunehmende Verlagerung von der Hinnahme und Deutung des Bestehenden zum Willen nach ständiger, auch gewaltsamer Veränderung (besonders seit der Französischen Revolution), einer Veränderung, die vor allem aus wirtschaftlichen Erwägungen herrührt; das Auseinanderfallen des Ethos, das das Privatleben, den Staat („Staatsinteresse" – Machiavelli), die Wirtschaft („Wirtschaftsinteressen" – „Kapitalismus als leitende Strukturordnung"), schließlich alle „offiziellen" (beruflichen) Bereiche leitet; die Herausbildung des „modernen Stadtmenschen" seit der Industriellen Revolution (vgl. David S. Landres, *Der entfesselte Prometheus*. Technologischer Wandel und Industrielle Entwicklung in Westeuropa von 1750 bis zur Gegenwart, Studienbibliothek Kiepenheuer & Witsch, Köln 1973): all dies kennen die Landbevölkerungen der sog. Dritten Welt nicht und die Bewohner der meisten Städte erst seit kurzer Zeit und oft nur in Ansätzen. Die Landbevölkerung stand noch bis vor kurzer Zeit – und steht an vielen Orten der Dritten Welt nach wie vor – dem mittelalterlichen europäischen Menschenbild daher näher als dem neuzeitlichen. „Der mittelalterliche Mensch", schreibt Guardini, „sieht überall Symbole. Das Dasein besteht für ihn nicht aus Elementen, Energien und Gesetzen, sondern aus Gestalten. Die Gestalten bedeuten sich selbst, aber, über sich selbst hinaus, Anderes, Höheres; zuletzt das Eigentlich-Hohe, Gott und die ewigen Dinge. So wird jede Gestalt zum Symbol. Sie weist über sich hinaus. Man kann auch, und richtiger, sagen: sie kommt von über sich herab, von jenseits ihrer hervor. Diese Symbole finden sich überall: im Kult, und in der Kunst; im Volksbrauch und im gesellschaftlichen Leben. Ja sogar in der wissenschaftlichen Arbeit wirken sie sich aus ... Der mittelalterliche Denker ging aus von der Versenkung in die Wahrheit der das Gemeinschaftsleben fundierenden Ordnungen" (Romano Guardini, *Das Ende der Neuzeit*, Würzburg 1950, S. 32 f. – Vgl. auch den Aufsatz von Karl Voßler „Symbolische Denkart und Dichtung im Mittelalter und heute", in: Ders., *Die Romanische Welt*, München 1965, S. 119 ff.). – So diskutierbar solche verkürzten, verallgemeinernden Darstellungen auch sein mögen – die Mittelalter- und Neuzeitauffassung Guardinis wurde zum Teil sehr heftig kritisiert –: wer die Landbevölkerung irgendeines Landes der Dritten Welt kennt, sieht sofort, wieviel Wahrheitsgehalt in diesen grundlegenden Überlegungen steckt. Viele Kritiker sehen diese Grundlagen schon deswegen nicht oder verzerrt, weil sie an die mittelalterlichen Quellen „von außen" herangehen ... – Europa hat fünf Jahrhunderte gebraucht, bis es mit diesen Ordnungen „am Ende ist". Fast zweihundert Jahre suchte eine – teils offene, teils untergründige und nicht zuletzt deshalb so wirksame – „Romantik" in Gegenbewegungen und Neudeutungen, vor allem in der Kunst, die „kopernikanischen Wenden" mit den alten Ordnungen zu versöhnen – während (Natur-)Wissenschaft, Technik, Wirtschaft, Politik scheinbar unbeirrt ihren eigenen gleichsam automatischen Prozeß weiter-

führten und führen und die Bevölkerungen mit der Größenordnung ihrer
Entdeckungen in Atem halten – Bevölkerungen, die von den Grundlagen
dieser Entdeckungen genauso abgekoppelt sind, wie sie es von Unterhaltungen wie der zwischen Galilei und dem kleinen Mönch waren. Historische
Rückbesinnungen aller Art brachten ein wellenförmiges Auf und Ab, bis sich
die „Moderne" – ein seit der Renaissance laufend abgewandelter Begriff
(seit dem Kampf der «Anciens» und der «Modernes» in Frankreich hört die
Diskussion um diesen Begriff nicht auf – bis zur gegenwärtigen „Postmoderne") – langsam bis zu unserem heutigen Weltverständnis durchsetzt.
Kants transzendentaler Ansatz: von den Bedingungen der Möglichkeit des
Denkens auszugehen, ist erst in den letzten Jahrzehnten in der theoretischen
Reflexion vieler Einzelwissenschaften *in breiterer Form* zur Grundlage gemacht worden; der größte Teil der mitteleuropäischen Bevölkerungen denkt
noch heute nicht so ...

Innerhalb dieser Entwicklung haben Kapitalismus, Kommunismus, Faschismus, Sozialismus und andere politische, wirtschaftliche, soziologische Theorien und Praktiken ihren historischen Ort: sie wurden erst aktuell, nachdem
die „kopernikanischen Wenden" eine gewisse Breitenwirkung erfahren
hatten. Erst dann ließen die von vielen empfundenen ökonomischen Mißstände soziale und wirtschaftliche Gesichtspunkte in den Vordergrund treten.
Diese sozialen Mißstände sind in den „Völkern" der ganzen Dritten Welt heute
unübersehbar; die seelisch-geistigen Erscheinungen indessen, die in Europa
die Wende vorbereiteten, begründeten und begleiteten, fehlen bei den meisten dieser Völker oder sind andere.

In Europa und den nach europäischem Modell sich entwickelnden Ländern
ist die Neuzeit zunehmend auf die „Gesellschaft" hin gestaltet worden – wenn
wir von der von Tönnies und anderen gemachten Gegenüberstellung von „Gesellschaft" und „Gemeinschaft" ausgehen in dem Versuch einer typologischen
Erfassung des Gegensatzes von Ländern der „Ersten" und der „Dritten Welt"
(Ferdinand Tönnis, *Gemeinschaft und Gesellschaft*, Darmstadt 1972). Nach
dieser Typologie fühlt sich der einzelne in der „Gemeinschaft" dem Nächsten
eng verbunden durch Herkunft, Tradition, Sitte, Glaube, Moral; durch das Zu-
sammenleben in der Kultur – denn alles ist im „Volk" „Kultur" –, auch und gerade in der Arbeit; im Gegensatz zur „Gesellschaft", in der die Kultur wie die
anderen Betätigungen jeweils nur einen Teilbereich des Menschen ausmachen. Die Tugenden der Hilfsbereitschaft, der Ausdauer, des Vertrauens, der
Liebe zum Land gelten in der „Gemeinschaft" als mehr oder weniger selbstverständlich, sind aber auf den Rahmen der Zusammenlebenden beschränkt.
Der Erwartungshorizont, das, womit jeder allgemein rechnet und rechnen
kann, wird intuitiv sicher abgesteckt (vgl. oben den kleinen Mönch). Der einzelne lebt aus der „Gemeinschaft" heraus. Dies befreit ihn aus ichbefangener
Enge und gibt ihm eine gewisse Weitherzigkeit. Wo der individuelle Horizont
den Kreis der „Gemeinschaft" jedoch kaum überschreitet, steht dieser Weitherzigkeit geistige Enge gegenüber. Kuppel des Ganzen ist der Glaube an den
Sinn des sich auf allen Ebenen wiederholenden und symbolisch spiegelnden

Kreislaufs des Lebens, wie er in unserem Brecht-Zitat anschaulich geschildert und von Guardini gedeutet wird.

Die geistige Weite „erkämpft" sich das Mitglied der „Gesellschaft", indem es aus der „Umwelt" der „Gemeinschaft" heraustritt und sich der „Welt" als ganzer gegenüberstellt – damit auch die verschiedenen Kreisläufe von sich „abdrückend" und in ihrem Sinn bezweifelnd. Der Mensch wechselt aus der mehr oder minder selbstverständlich hingenommenen Geborgenheit in der „Gemeinschaft" in die „Freiheit" des einzelnen, als Mitglied einer in Frage gestellten und je neu zu definierenden „Gesellschaft", die nun nicht mehr eine verhältnismäßig konstante Lebensform, sondern eine ständig neu zu erringende Lebensaufgabe darstellt. Zunehmend auf sich gestellt, macht er auch seelisch eine immer stärkere Partikularisierung durch: Der moderne Individualismus führt zu Maßstäben, die sich an den – echten und unechten – Bedürfnissen der Mehrheit der Parzellen der „Gesellschaft" zu orientieren haben. Da sich diese Parzellen immer mehr voneinander abzuheben scheinen, ist der Konsensus über die Präferenzen in kontinuierlicher Auseinandersetzung – im Kampf der einzelnen, der Gruppen, Klassen bzw. ihrer Vertretungen – jeweils neu herzustellen.

So schematisch solche Typologisierungen auch sind und sosehr hier, bei der Gesellschaft, die Verdrängung der Gemeinschaftsbasis durch die „Masse" ausgespart ist: sie machen deutlich, inwiefern die Charakterisierung Portugals heute ein in vieler Beziehung abgewandeltes Bild eines Landes im *Übergang von der „Dritten" zur „Ersten Welt"* gibt.

Nach dem bekannten Wort von Jacob Burckhardt lagen „im Mittelalter die beiden Seiten des Bewußtseins – nach der Welt hin und nach dem Innern des Menschen selbst – wie unter einem gemeinsamen Schleier träumend halbwach. Der Schleier war gewoben aus Glauben, Kindesbefangenheit und Wahn; durch ihn hindurch gesehen erschien die Welt und Geschichte wundersam gefärbt, der Mensch aber erkannte sich nur als Rasse, Volk, Partei, Korporation, Familie oder sonst irgendeiner Form des Allgemeinen. In Italien zuerst verweht dieser Schleier in die Lüfte; es erwacht eine *objektive* Betrachtung und Behandlung des Staates und der sämtlichen Dinge dieser Welt überhaupt; daneben aber erhebt sich mit voller Macht das *Subjektive*, der Mensch wird geistiges *Individuum* und erkennt sich als solches ... Es wird nicht schwer sein nachzuweisen, daß die politischen Verhältnisse hieran den stärksten Anteil gehabt haben" (Jacob Burckhardt, *Die Kultur der Renaissance in Italien*. Beginn des „Zweiten Abschnitts": „Die Entwicklung des Individuums". I. „Der italienische Staat und das Individuum"). Es wäre reizvoll, diese Charakteristik – die, unabhängig von ihrer historischen Adäquatheit, von einem noch sehr ungebrochenen Verhältnis zur „modernen Objektivität" ausgeht – und die Reaktionen, die sie hervorrief, zu vergleichen mit den wissenschaftlichen und literarischen Versuchen, die Mentalität der „Völker" – oder eines „Volks" – der Dritten Welt zu fassen. Ein solcher Vergleich käme dem Verständnis der historischen Entwicklung sowohl der Vergangenheit wie der Gegenwart zugute und würde dazu beitragen, einseitige Ideologien abzubauen, die den Weg

der Völker aus ihrer „selbstverschuldeten Unmündigkeit" (nach Kants bekannter Formulierung in *Was ist Aufklärung?*. – Zur Ambivalenz der Aufklärung und der „Kritik": Reinhart Koselleck, *Kritik und Krise*, suhrkamp Ta-
schenbuch 1973. – Auch „Aufklärung", „Kritik", „Demokratie" usw. können
Ideologie sein . . .) in die „moderne Gesellschaft" unter ahistorisch-verengtem
Blickwinkel sehen. – Ein solch verengter, durchaus ideologischer Blickwinkel
ist die mehr oder weniger einseitige Beurteilung und Bewertung dieses Ent-
wicklungsschritts unter wirtschaftlichen Gesichtspunkten – so, als wäre es ein
für allemal ausgemacht, daß in allen Gesellschaftsformen und zu allen Epochen die wirtschaftlichen Faktoren die entscheidenden wären. (Vgl. Goethe:
„Was ihr den Geist der Zeiten heißt, ist nichts als eurer eigener Geist, in dem
die Zeiten sich bespiegeln . . .")

[4] Und sollte sich – der seit dem 17./18. Jahrhundert für Spanien und Portugal beobachteten Phasenverschiebung entsprechend – die Iberische Halbinsel wie Teile der Dritten Welt an Modellen orientieren, die, wenn man sie
halbwegs verwirklicht hat, in ihren Ursprungsländern bereits überholt sind?
(vgl. oben S. 9, Anm. 2).

[5] Vgl. beispielsweise R. W. Leonhardt, *xmal Deutschland*.

[6] Der Priester Johan ist eine legendäre Gestalt. Im 12. Jahrhundert vermu-
tete man, daß er in einem christlichen asiatischen Land regiere; ein syrischer
Bischof, der 1145 Rom besuchte, soll von ihm gesprochen haben; ein Brief von
1165 an den oströmischen Kaiser trägt die Unterschrift „Presbyter Johannes"
und galt ebenso wie das Zeugnis des genannten Bischofs als Beweis für die Existenz des Priesters Johan. In der Entdeckungszeit vermuteten die Portugiesen
ihn in Afrika; der Infant Dom Henrique – d. h. Heinrich der Seefahrer – sandte
Antão Gonçalves mit dem Auftrag nach Guinea, ihm Nachrichten vom Priester Johan zu bringen. König Johan II. ließ in Indien nach ihm forschen. Der
bekannte Seefahrer Péro de Covilhã identifizierte die legendäre Figur in
einem Brief aus Abessynien mit dem dort regierenden Negus.

Fernão Mendes Pinto war rd. 20 Jahre in China, Japan und anderen Ländern des Fernen Ostens und schrieb *A Peregrinação (Die Pilgerschaft/Reise/
Wanderschaft)*, eines der lesenswertesten Bücher des portugiesischen 16. Jahrhunderts.

Der Infant Dom Pedro, Bruder des Königs Dom Duarte, vielgereist (bes. in
Europa), Verfasser u. a. einer Übersetzung von Ciceros *De Officiis*, gehört zu
den Vermittlern insbesondere der französischen Literatur im Portugal des
15. Jahrhunderts.

Luis de Camões, der größte portugiesische Dichter, Verfasser u. a. des Natio-
nalepos *Os Lusíades (Die Lusiaden)*, das die portugiesischen Entdeckungen in
„mythologischer" Deutung darstellt. (Vgl. oben S. 83 ff., Zitat Ed. Lourenço.)
Er scheint um 1524 in Lissabon geboren zu sein und starb dort 1580; sein Grab
befindet sich im Hieronymus-Kloster bei Lissabon. – Die *Lusiaden* sind dem
König Dom Sebastião gewidmet, der Camões eine Jahresrente gewährte.

[7] Viriato ist der herausragende Anführer jener Lusitanier, die den Römern
am schärfsten Widerstand leisteten; er wurde 139 v. Chr. von dreien seiner Of-

fiziere ermordet; angestiftet zu diesem Mord wurden die Offiziere von dem römischen Konsul Quintus Servilius Scipio, der die römischen Truppen befehligte (soweit die Quellenlage da eindeutig ist). Seine Funktion in der portugiesischen Geschichte entspricht etwa der des Vercingetorix in der französischen oder der Hermann des Cheruskers in der deutschen.

[8] Die Provinz Algarve fällt ethnologisch, geographisch, historisch (spätere Besiedlung – der port. König war König „von Portugal und dem port. und arabischen Algarve") aus dem Rahmen und hebt sich auch landschaftlich deutlich vom übrigen Portugal ab. – Die Bezeichnung „Die Algarve" ist eine Erfindung des Tourismus (so als handle es sich um eine Pflanze oder Blume . . .); im Portugiesischen heißt sie «O Algarve» – „Der Algarve".

[9] Zu Heinrich dem Seefahrer vgl. u. a. das zwar nicht in allen Punkten fachhistorisch zutreffende, doch sehr lesenswerte Buch von John Ure (siehe Bibliographie).

[10] Zum Nord-Süd-Gegensatz in Portugal vgl. bes. Mattos, *Einführung*, Bd. I.

[11] Man ist leicht geneigt, den Provinzen Alentejo und Trás-os-Montes „spanische Züge" zuzusprechen. Die Aletenjo-Ebene ist indessen keine Hochebene – wie Hochkastilien –, sondern setzt die Tajo-, Guadiana- und Guadalquivirebenen fort, von denen jede ihre Eigenart hat und keine als „typisch spanisch" gilt. Trás-os-Montes findet in Ostgalicien und Westasturien teilweise entsprechende spanische Parallelen.

[12] Es handelt sich aber um einen durchaus anderen Gesamteindruck.

[13] In Portugal selbst gilt besonders die Provinz Minho als „Garten".

[14] Die Grenze zwischen dem dem Atlantik zugewandten Teil der Iberischen Halbinsel und den zentralen Landschaften deckt sich in weiten Zonen mit der portugiesisch-spanischen Grenze. Vgl. hierzu Orlando Ribeiro, *Portugal, o Mediterrâneo e o Atlântico*, Lissabon 1970, und vor allem die einschlägigen Kapitel und Karten bei Lautensach. – Wer mit dem Auto etwa von Salamanca nach Vilar Formoso kommt und dort die Grenze passiert oder wer mit dem Flugzeug im mittleren Teil der Halbinsel über die Grenze fliegt, stellt den Übergang von „braun" zu „grün" sofort fest. Natürlich ist besonders der Nordwesten „grün".

[15] Die *humildade* – lat. *humilitas* – ist bekanntlich eine der christlichen Kardinaltugenden („Demut"). Sie wurde nicht nur dem Portugiesen, sondern auch dem Spanier als Wesensmerkmal zugesprochen (vgl. R. Menéndez-Pidal, *Los españoles en su historia*, Madrid 1982; dt.: *Die Spanier in der Geschichte*), und auch in Südamerika spielt sie für die Selbstdeutung eine gewisse Rolle (etwa in Argentinien). – In Portugal, Spanien und Südamerika wurden in dem Begriff 1. „Demut" und „(natürliche) Bescheidenheit" kontaminiert und 2. (z. T. damit verknüpft) ideologische Verzerrungen des Begriffs der *humildade* vorherrschend, nach denen es zur Tugend gestempelt wird, wenn man – und insbesondere das „Volk" – sich „alles gefallen läßt", „sich nicht wehrt" (ein falscher christlicher Demutsbegriff, der ja auch in Mitteleuropa eine Rolle gespielt hat). Die Entwicklung der letzten Jahre geht in die entgegengesetzte Richtung.

[16] Dem Begriff der *saudade* ist u. a. der Romanist Karl Voßler nachgegangen (*Südliche Romania*, München 1940; erweiterte Ausgabe: Leipzig 1950). Eine sehr schöne Zusammenfassung der wesentlichen Züge findet sich bei Jacinto do Prado Coelho, *A Originalidade da literatura portuguesa*: „... Die Interpretation der *saudade* als ein typisch portugiesisches Gefühl *sui generis* ist alt; es scheint, daß das Wort *soidade*, dann *saudade* nicht übersetzbar ist. Dom Duarte vertrat schon im 15. Jh. diese Auffassung und gab zu erwägen, daß im ‚saudadehaften Zustand‘ ein Komplex/eine Mischung von Freude/ Frohsinn *(alegria)* und Trauer/Traurigkeit *(tristeza)* herrscht ... Im 20. Jh. glaubt der Dichter-Visionär Pascoães in der *saudade* nicht nur den Schlüssel zur Erklärung der portugiesischen Seele zu finden, sondern darüber hinaus die nötige Triebkraft für eine nationale Erneuerung. ‚Wesenhafte Realität‘ unserer Kultur, hat die *saudade* eine der Vergangenheit und eine andere der Zukunft zugewandte Seite: sie ist Erinnerung und Wunsch, Melancholie und gleichzeitig Antriebskraft zum Handeln ... In den letzten Jahrzehnten dachte man ziemlich viel über die *saudade* nach, sowohl in Portugal wie in Galicien; man verteidigte die Existenz einer spezifisch portugiesischen oder luso-galicisischen Weltanschauung, Grundlage für eine Gedankenrichtung mit universeller Reichweite, deren Wurzeln in der konkreten Erfahrung der *saudade*, und das heißt, im Erleben der radikalen Einsamkeit des Menschen und seiner undefinierbaren Unruhe liegt.“ (S. 44 f.) Ausführlich dazu: F. da Cunha Leão, *O Enigma português*, Lissabon 1973.

[17] In den neuzeitlichen Jahrhunderten, bis in unser Jahrhundert. – Es wiederholt sich hier vor unseren Augen in der neuen Welt, was sich in der alten Welt in den Völkerwanderungen vor der Kolonisierung abgespielt hat. – Vgl. dazu u. a. J. Dias, «Paralelismo de processo na formação das nações», in: *Ensaios etnológicos*, S. 159 ff. – Vgl. damit auch den Begriff der „alten" und „jungen" Völker – etwa bei Ortega y Gasset. Für Portugal ist bezeichnend – etwa im Gegensatz zu Teilen Mitteleuropas –, daß es in keiner Periode seiner Geschichte Bevölkerungsbewegungen im großen Stil gab – mit drei Ausnahmen: a) der Bewegung Nord–Süd während der Zeit der Reconquista und der Regierung der ersten Könige (*colonização interna* – „interne Kolonialisierung", der Süden wurde zum Teil vom Norden aus besiedelt); b) einem ständigen Aderlaß durch die Auswanderung (dazu auf knappstem Raum: Vitorino Magalhães Godinho: «A Constante Fuga das Gentes», in: Portugal. *A Terra e o Homem*, Bd. II, S. 55 ff.; und c) die Bewegung Land–Stadt. – Eine gewisse Korrektur dieses klassischen Schemas stellen die nach dem Verlust der Kolonie ins Land gekommenen *retornados* (die „Rückkehrer"/„Heimkehrer") dar. Man spricht von rd. 500 000 Menschen, die nach der Revolution von 1974 nach Portugal zurückkamen (vgl. dazu Pena Pires/Maranha/Quintela/Moniz/ Pisco). Die Gastarbeiterbewegung, die nach Europa 1961 einsetzte, ersetzt die klassische Auswanderung nach Brasilien durch die in die mitteleuropäischen Länder. Das ist für die Geschichte Portugals etwas grundlegend Neues – wenn die Auswanderung als solche auch einen klassischen Charakterzug fortsetzt. Ebenfalls neu ist, daß zumindest von der ersten Auswanderergeneration der

größte Teil nach Portugal zurückkehrt, während von den Auswanderern nach Brasilien immer nur ein Bruchteil zurückkommen konnte und wollte. – Trotzdem stellt in der Literatur der in Brasilien reich gewordene Portugiese, der zurückkommt und mit seinem Reichtum protzt – der *brasileiro* (vgl. etwa bei Eça de Queiroz) –, den Vorläufer des heutigen *alemão* oder *francês* dar, d. h. des relativ gut situierten Portugiesen, der aus Deutschland oder Frankreich zurückkommt. In Paris und Umgebung lebten zeitweise mehr als 700 000 Portugiesen; Paris war also nach Lissabon die „zweitgrößte portugiesische Stadt".

[18] Man liest in der Regel, vor allem in mitteleuropäischen historischen Darstellungen, die Kolonialisierung habe Portugal – ähnlich wie Spanien – von dem Weg einer ausgeglichenen internen produktiven industriellen Entwicklung abgeführt – durch Überbetonung des Handels mit Produkten der Kolonien, die in den flandrischen Städten, dann in England usw. weiterverarbeitet wurden bzw. ihren eigentlichen Wert bekamen – so daß der Hauptgewinn dem „Transportland Portugal" nicht (einmal) zugute kam. Neuere portugiesische Darstellungen (Saraiva, Magalhães Godinho u. a.) weisen dagegen darauf hin, daß sich dieses Mißverhältnis schon im Spätmittelalter herauszubilden begann.

[19] „Ende der Welt, eher Bestimmungs- als Durchgangsort, wenig anziehend vom Meer aus, war die geographische Lage Portugals nicht gerade die günstigste für die Entwicklung höherer Kulturen. Lange Jahrhunderte hindurch ist sie der Hintergrund für den Rückstand in der Entfaltung vieler nationaler Eigenschaften. Und trotz aller Veränderung der heutigen Welt, was den Verkehr und Neuentdeckungen betrifft – für einen Teil dieser Entdeckungen war Portugal verantwortlich –, ist dieser Tatbestand auch weiterhin eine Konstante", schreibt Oliveira Marques in seiner *História de Portugal* (Bd. 1, S. 8). – Das Einleitungskapitel dieses Bandes – «Traços permanentes» („Bleibende Züge") – bietet eine sehr gute Einführung in wesentliche Grundzüge der portugiesischen Geschichte und Geistesart.

[20] Ein klassisches Zeugnis ist u. a. der zweite Teil von Fernando Pessoas *Mensagem: Mar Portuguez – Portugiesisches Meer.*

[21] Vgl. die Entfaltung dieses Topos bei Hermann Graf Keyserling, „Spanien" (in: *Spektrum Europas*). – Grundlegend ist die Deutung der kastilischen Hochebene durch Unamuno; sie wirkt bis heute nach (und hat auch für Keyserling das „Vorbild" abgegeben).

[22] Ein gutes Resümee des Portugal-Spanien-Verhältnisses findet man bei Allemann (in der älteren Ausgabe): *Portugal ist nicht Spanien* (1. Kapitel). – Von demselben Autor gibt es eine Zusammenfassung der Gedanken in den beiden älteren Merian-Heften über Portugal.

[23] Noch die Verhandlungen um die Bedingungen des Eintritts in den Gemeinsamen Markt wurden getrennt und in Konkurrenz geführt.

[24] Selbstverständlich gilt das für die einzelnen Kolonien in unterschiedlichem Maße. Den Handelskolonien (besonders im asiatischen und afrikanischen Raum) steht die „Entwicklungskolonie" Brasilien gegenüber.

[25] In erster Linie sind hier der manuelinische Stil (vgl. bes. das Kloster

Batalha südlich von Lería und das Hieronymus-Kloster [Kreuzgang!] bei Lissabon), die „Reise"-Literatur der Entdeckungszeit (Mendes Pinto, Fernão Lopes u. a.) und vor allem die „allgemein-menschliche Überhöhung" durch Camões' *Lusíades* zu nennen.

[26] Über die Kritik an der unzureichenden Produktivitätsentfaltung im Mutterland sollte das nicht vergessen werden …

[27] Die so wichtige mittelalterliche Pilgerstraße nach Santiago de Compostela verlief am Nordrand der Meseta. – Heute fördert die gleichförmige Ebene ein rasches Fortkommen mit dem Auto oder dem Zug; vor der Entdeckung dieser Verkehrsmittel war die Dürre ein starkes Hindernis.

[28] Eine nach wie vor sehr lesenswerte komprimierte Darstellung der portugiesischen Geschichte, auf die es bei einem Gesamturteil besonders ankommt, gibt António Sérgio in seiner «Breve Interpretação da História de Portugal» (dt.: „Abriß der portugiesischen Geschichte", in: *Ibérica*, Bd. 1–2, Hamburg 1924–25). Allerdings tut man gut daran, seine Wertungen kritisch zu überdenken. Vgl. dazu etwa den Artikel über Sérgio im *Dicionário da História de Portugal*.

[29] Vgl. dazu u. a. M. Bataillon, *Études sur le Portugal au temps de l'Humanisme*, Coimbra 1952.

[30] *Liberalismo, liberal* ist in Portugal – wie in Spanien – etwas anderes als in Mitteleuropa „Liberalismus", „liberal". – Dort handelt es sich schwerpunktmäßig um die Entwicklung der *politischen* liberalen Strömungen im Anschluß an die Napoleon-Kriege: es geht um eine neue Verfassung, in der dem Parlament eine entscheidende Funktion zukommt, um bestimmte politische garantierte Freiheiten („Grundrechte") und dann um die Befreiung von der Fremdherrschaft. – In Mitteleuropa hatte der Begriff (ausgehend vom *libertin* des 17. Jahrhunderts in Frankreich) eine religiöse, kulturelle, philosophische und dann eben auch politische Dimension angenommen, neben dem Wirtschaftsliberalismus (Adam Smith). – Noch heute kann man „eine liberale Haltung" nicht mit dem Begriff „liberal" ins Portugiesische oder Spanische übersetzen, es sei denn, man fügt Erläuterungen hinzu.

[31] In seiner übertriebenen Selbstkritik bezeichnet sich der Portugiese manchmal als *macaco de imitação* – als „Affe, der alles nachahmt".

[32] In Mitteleuropa fällt uns dieser Typ allerdings auch weniger negativ auf, weil er die jeweils neuen Theorien vertritt und in der Regel besser informiert, auf dem aktuellen Stand ist oder sich doch wenigstens besser informiert gibt.

[33] Ich schreibe: Volk – im Sinn von: „alle Portugiesen"; „Volk" – im Sinn von: die „Nicht-Ausgebildeten".

[34] Mit den Gastarbeitern hat sich in diesem Punkt in den letzten Jahren Entscheidendes geändert – wenn ein nicht unbeträchtlicher Teil, vielleicht sogar die meisten der älteren Generation, auch an den Grundgegebenheiten Frankreichs, Deutschlands usw. innerlich weitgehend vorbeilebten und -leben: mit dem Herzen sind sie weiterhin in Portugal. – Auch haben die Medien, allen voran das Fernsehen, eine korrigierende Funktion, doch ist die Auswahl der Nachrichten natürlich sehr „zweifelhaft". Der Portugiese, der sich von

Deutschland ein Bild nach den portugiesischen Medien machen will, ist nicht besser dran als der Deutsche, der es umgekehrt für Portugal versucht ...

[35] Vgl. zu diesem so vielschichtigen Begriff Thomas Manns *Betrachtungen eines Unpolitischen* und Ortega y Gassets *Der Intellektuelle und der andere*: in der ersten Arbeit kommt sehr stark auch der negative Pol, in der zweiten ganz der positive Pol heraus.

[36] Neben den Gastarbeitern und denen, die sich im Ausland – in Europa oder Amerika vor allem – spezialisierten, sind hier natürlich auch die aus politischen Gründen Geflüchteten zu nennen. (Der amtierende Präsident, Soares, war lange in Frankreich [Paris], der Chef der kommunistischen Partei, Cunhal, in Rußland [Moskau].)

[37] Das Ungenügen an der Welt wird auf das kleine Portugal projiziert, die Sehnsucht nach und der Glaube an eine „gelungene Welt" auf das Ausland. (Vgl. oben S. 9f. den Text von Eduardo Lourenço.)

[38] Vgl. dazu das Kapitel „Das Lachen der Götter – humorvolle Ironie oder ironischer Humor".

[39] Nach einem bekannten Satz von Max Scheler.

[40] Zum Begriff der „cultura animi" vgl. Hugo Friedrich, *Montaigne*, Register, Stichwort *cultura animi / culture de l'âme*. – Zum Begriff der „Kultur" und der „Zivilisation", in der verschiedenen Fassung in Deutschland auf der einen, Frankreich (und der übrigen Romania) auf der anderen Seite: Ernst Robert Curtius, *Die französische Kultur*, Bern/München 1975, 1. Kapitel. – Als Einführung in das Verständnis der Entwicklung der „Kultur" und ihrer Interpretation in der Romania auf der einen, Deutschland auf der anderen Seite immer noch sehr lesenswert: Karl Voßler, *Die Romanischen Kulturen und der deutsche Geist*. Mit einer Einführung von Benedetto Croce und einem Nachwort von Hugo Friedrich, Darmstadt, Sonderausgabe 1963. – Allgemein u. a.: T. S. Eliot, *Zum Begriff der Kultur*, Reinbek (rde) 1967. – Zum Problem des Kulturwandels heute und der Schwierigkeit seiner wissenschaftlichen Erfassung knapp: Gerhard Heilfurth, „Zur Beschäftigung mit den Problemen des Kulturwandels", in: *In Memoriam António Dias*, II, Lissabon 1974, S. 245 ff. – Zur port. „Kultur" vgl. u. a. J. Dias: «Cultura popular e cultura superior», ebd. die in der Bibliographie unter Nr. XIV angegebenen Werke; dann: W. Giese, *Die Kultur Spaniens, Portugals und Südamerikas*, Frankfurt a. M. ²1972 (Studienausgaben zur Kulturgeschichte); António José Saraiva, *Para a História da Cultura em Portugal*, 2 Bde., I: Lissabon ²1962 (Erstauflage 1946); II: Lissabon ²1967 (Erstauflage 1962); Ders., *História da Cultura em Portugal*, 3 Bde., I: Lissabon 1950; II: Lissabon 1955; III: Lissabon 1963; Ders., *A Cultura em Portugal*, 2 Bde., I: Lissabon 1983; II: Lissabon 1984; Joël Serrão, *Temas de Cultura portuguesa*, Lissabon 1965; V. Magalhães Godinho, «Cultura portuguesa: balanço francamente negativo», in: *Pensar a Democracia para Portugal incomodamente*, Lissabon 1977; Ders., «A Educação, a transformação de Portugal e a mudança de civilização», in: *Portugal. A Pátria bloqueada*, Lissabon 1985; Ders., «A Integração europeia: linhas de uma política de cooperação cultural», *ebd.*; Ders., «Finalidades culturais dos Portugueses», *ebd.*; und schließ-

lich folgende Artikel aus dem *Dicionário de História de Portugal*: complexo histórico-geográfico, comunitarismo, costumes, cultura, etnologia, família, feiras, folclore, foros ou costumes, luzes, romarias, Portugués (O), povo, povamento, sociedade portuguesa. – Die Texte sind vor rd. 30 Jahren geschrieben, berücksichtigen daher die Entwicklung seither natürlich nicht.

[41] Vgl. dazu S. 10f. das Zitat von Quadros. – Wenn eine nationale Gesinnung in Nationalismus umschlägt, impliziert das in aller Regel auch ein „Gegen".

[42] In diesem Roman spielt nicht nur Portugal (bes. Lissabon) eine Rolle, es spielt auch – wenn auch untergründig – eine „gewisse portugiesische Ader" mit hinein.

[43] Das gilt natürlich nicht nur für Portugal. – „Strukturell" hat sich daran im übrigen wenig geändert: Wenn heute internationale, amerikanische, deutsche, französische u. a. Unternehmen in Portugal fertigen, Zweigwerke aufziehen o. ä., summieren sie: billige Arbeitskräfte (nach wie vor im Vergleich zu Mitteleuropa oder Amerika geringe Löhne), geringere Kontrollen durch staatliche Instanzen, weniger scharfe Auflagen im ökologischen, gesundheitlichen, arbeitstechnischen usw. Bereich, eine weitgehend sehr arbeitswillige Bevölkerung (relativ „brave" Arbeiterschaft), Ausnahmeregelungen für ausländische Unternehmen u. a. m. – und den amerikanischen, mitteleuropäischen ... Markt (so daß sie den einheimischen Unternehmen gegenüber auch hierin weit überlegen sind) – und das eigene Know-how. Die Dinge haben sich weniger geändert als vielmehr von einer kleinen Gruppe reicher portugiesischer Unternehmer auf andere Gruppen verschoben. Ähnliches gilt für die „Erschließung" der ehemaligen portugiesischen Kolonien. Das ganze Problem liegt also weniger auf der Ebene des Ethos und der grundlegenden Wirtschaftsform, sondern auf der Ebene des technologisch-politischen Versagens des antiken Regimes: es hätte eine zukunftsweisende Außen-, Innen- und Wirtschaftspolitik *in Zusammenarbeit* mit den führenden kapitalistischen Ländern *rechtzeitig* in die Wege leiten müssen. Die Entwicklung ging zu lange über Portugal hinweg. (Im übrigen nicht zuletzt auch deswegen, weil es weder intern noch extern die Entwicklungsmöglichkeiten nutzte, d. h. keine kapitalistisch-produktive Politik betrieb; vgl. S. 12 ff. das Zitat von J. A. Saraiva/V. J. Silva; abgesehen von der „antimodernen Grundeinstellung" Salazars und der meisten Schlüsselfiguren des antiken Regimes, einer Einstellung, die auch aus heutiger Sicht nicht nur negativ zu beurteilende Ursachen hatte.)

[44] Solange der „Wirtschaftsimpuls" in Portugal anhält, wird sich kaum ernstzunehmende Kritik an dem eingeschlagenen Weg breitmachen. Die eigentlichen Testjahre werden die Jahre nach dem Boom sein.

[45] Kulturelle, wissenschaftliche u. ä. Stiftungen sind in Portugal ungewöhnlich. – Häufiger kommt es dagegen vor, daß jemand sein Vermögen dem Staat, einer Universität o. ä. vermacht.

[46] Im Sinn der Auffassung der europäischen Geschichte, wie sie Troeltsch,

Curtius u. a. dargestellt haben. (Gute Übersicht auf knappem Raum: E. R. Curtius, „Humanismus als Initiative", in: *Humanismus*. Wege der Forschung, Bd. XVII, Darmstadt 1970. – Es handelt sich bei dem Aufsatz um einen Auszug aus dem Buch *Deutscher Geist in Gefahr*.)

[47] Wie vor allem Max Weber es in seiner Auseinandersetzung mit den geistesgeschichtlichen Wurzeln des Kapitalismus gezeigt hat.

[48] Nicht systematische Philosophie, sondern Weisheit, Weisheitslehre. – Vgl. das einschlägige Kapitel H. Friedrichs in dem angegebenen *Montaigne*-Buch; Portugal ist hierin der Antike viel näher als „moderner" philosophischer Auseinandersetzung (trotz der philosophischen Lehrstühle an den Universitäten, der einschlägigen Zeitschriften usw., die wenig Echo haben).

[49] Vgl. das Kapitel „Realitätsbezug und Phantasie". – Durch die staatliche und politische Trennung von Spanien und Portugal sieht man im *Don Quixote* fast immer nur ein „spanisches" Buch. Maeztu und andere haben in dem Werk ein Symbol *der gesamten Iberoromania* gesehen – eine kritisch-skeptische Auseinandersetzung oder Darstellung mit einer Epoche, die auf der „Kippe der Zeiten" stand, der das positiv-„gläubige" Symbol in Camões' *Lusiaden* – ebenfalls für die gesamte Iberoromania – zur Seite gestanden haben. – Auf solche Deutungsversuche ist in anderem Zusammenhang zurückzukommen.

[50] Gerade weil es in Mitteleuropa, bes. in Frankreich (in portugiesischer Terminologie: „Europa") ein „Modell" sieht. – Vgl. dazu u. a. Ed. Lourenço, *Nós e a Europa ou as duas Razões*, Lissabon 1988.

[51] Vgl. H. M. Enzensberger, „Eine Theorie des Tourismus", in: *Einzelheiten* I, Frankfurt a. M. 1981, edition suhrkamp 63.

[52] Äußerst reizvoll und aufschlußreich wäre eine Untersuchung zur Sozialstruktur und Mentalität des Auslandsdeutschen, -franzosen, -engländers usw. in den sog. Entwicklungsländern, zu denen Portugal in diesem Fall gerechnet werden müßte.

[53] Daß es nach den unseligen „Benachteiligungen" der Juden, Zigeuner usw. in der Nazizeit durch die „Sondergesetze" – die die Verfolgung bekanntlich juristisch einleiteten bzw. in eine mehr oder weniger offizielle Bahn lenkten – in Deutschland überhaupt eine Diskussion geben kann über die Frage der rechtlichen Gleichstellung der Gastarbeiter – vor allem derer, die seit langen Jahren in Deutschland leben, die in Deutschland geboren sind oder als Kind dorthin kamen –, ist einfach ein Skandal. Ebenso viele „Ausländergesetze"; ebenso die Praxis nicht weniger Gerichte, Ausländer wegen lächerlicher Verfehlungen abzuschieben u. a. m.

[54] Vgl. dazu u. a. B. Freund, *Portugal*, Stuttgart ²1981 (Kap. 3); W. Freund (Hrsg.), *Gastarbeiter. Integration oder Rückkehr? Grundlagen der Ausländerpolitik*, Neustadt/Weinstr. 1980; E. Klee (Hrsg.), *Gastarbeiter. Analysen und Berichte*, Frankfurt a. M. 1981; H. Körner/U. Mehrländer (Hrsg.), *Die „neue" Ausländerpolitik in Europa. Erfahrungen in den Aufnahme- und Entsenderländern*, 1986; Manuel de Matos, *A Emigração na R. F. A. do ponto de vista do Emigrante português*, Bonn 1980; U. Müller/M. Frey, *Ausländer bei uns – Freunde oder Mitbürger?* Schriftenreihe der Bundeszentrale für politische Bil-

dung, Bd. 186, Bonn 1982; H. Schell, *Bildung portugiesischer Migrantenkinder in der Bundesrepublik Deutschland. Eine berufspädagogische Analyse*, Frankfurt a. M. 1985; H. M. Stahl et al., *Perspectivas da Emigração portuguesa para a CEE*, 1980–1990, Lissabon 1982. – Fernanda Silva-Brummel, *E todos, todos se vão. Emigration und Emigranten in der portugiesischen Literatur*, Frankfurt a. M. 1987 (Untersuchungen zur roman. Philologie. Neue Folge, Bd. 9; hier sehr ausführliche Literaturangaben).

[55] Seit der Revolution von 1974 hat sich vieles zum Besseren gewandelt.

[56] Das liegt auf der Linie der „kolonialen Praxis".

[57] Deshalb ist es auch prinzipiell etwas anderes, andere Länder zu „studieren", dorthin zu reisen, Freunde dort zu haben, über ihre Probleme zu arbeiten u. ä. – und dort (für eine längere Zeit) zu leben. Das Leben erst, in seinen Gesamtlinien, bringt einem das Land als ganzes nahe, mit den Überlappungen der Bevölkerungsschichten, den quer durch die sozialen Gruppen gehenden Gegebenheiten usw. (und nur, wenn man sich nicht nur oder schwerpunktartig in klar abgegrenzten Gruppen – etwa: Ausländerkolonien – bewegt …). – Die Philologien, Wirtschafts- und Sozialwissenschaften, die Geschichte, die Völkerpsychologie u. a. .m. liefern in ihren Untersuchungen relativ wenig grundlegend Aufschlußreiches – insbesondere zu den menschlichen Verhaltensformen und ihren sozialen Implikationen –, wenn sich die Forscher, schon in den methodologischen Vorannahmen, nicht von der amerikanischen, mitteleuropäischen Perspektive freimachen, die Länder also „von außen" analysieren. Ein hochwissenschaftlich analysiertes, im Ansatz jedoch falsches „Bild" bleibt ein falsches Bild.

[58] «O Velho de Restelo» – „der Alte von Restelo" – eine Figur der *Lusiaden* (Restelo ist der Ort, von dem die Schiffe der Entdeckungszeit abfuhren): Der Alte warnt vor den Gefahren und Auswirkungen der Fahrten in die Ferne, kritisiert den Abenteuerwillen, die Energien in fernen Ländern zu „vertun", statt im eigenen Haus für Ordnung zu sorgen … – Heute ist «o Velho de Restelo» Symbol einmal für übertriebene Vorsicht, für übertriebene Reserve Neuem gegenüber („daraus wird nichts!" – „das geht ja doch schief!" – „das bringt nur Katastrophen!" – „bleiben wir lieber beim alten!"); zum andern – wenn auch weniger – für „den gesunden Menschenverstand des Volks" „ungesunden Unternehmungen ins Große" gegenüber. Der Alte symbolisiert also, negativ wie positiv, eine Reaktion auf zwei äußerst verbreitete Verhaltensformen des Portugiesen: das Maß für Dimensionen zu verlieren, Projekte ins Große, Übergröße zu machen und dabei den Boden unter den Füßen zu verlieren; allem Neuen skeptisch gegenüberzustehen. Natürlich sind diese beiden Pole zwei Seiten einer Medaille; und es dürfte kaum ein Zufall sein, daß der Alte von Restelo vielleicht die lebendigste symbolische Figur in Portugal ist. – Vgl. dazu die Ausführungen zum ruckartigen Geschichtsverlauf S. 72 und das Zitat von Lourenço, S. 83 ff.

[59] „Lissabon – Meer – Kontakt zur ‚Außenwelt' – Phantasie – Fortschritt" versus „Provinz – Enge – Solidität – Pflichterfüllung": prägnanter kann man die „klassische" Selbstauffassung der Struktur des Landes kaum formulieren.

[60] Leider gilt das auch nicht mehr uneingeschränkt.

[61] Trotzdem war und ist Porto als Zentrum des Nordens für die portugiesische Politik von großer Bedeutung. Die Unterschiede zwischen Nord und Süd sind übrigens auch in der Revolutionsphase sehr deutlich hervorgetreten. Sie durchziehen die gesamte portugiesische Geschichte, für deren Verlauf entscheidend wurde, daß die Hauptstadt (mehr) im Süden liegt (vgl. dazu das glänzende Kapitel über Katalonien in Salvador de Madariagas Buch *España*, dt. *Spanien*: Barcelona, Katalonien – gleichsam umgekehrte Entwicklung wie Lissabon, Portugal. Das Portugal-Kapitel dieses Buchs ist weniger geglückt, wenn auch nach wie vor lesenswert). Noch ein Wort zu den Zahlenangaben der Einwohner von Lissabon und Porto bzw. der Großräume: 1981 zählte man für Lissabon 807 167, für Porto 327 368 Ew.; Großräume von 20 Bezirken (concelhos) für Lissabon, von 9 für Porto ergaben 2 515 320 bzw. 1 117 920 Ew. – Alles hängt hier davon ab, wie weit man die Großräume absteckt. – Rund ein Drittel der Gesamtbevölkerung von Portugal lebt nach den angegebenen Zahlen, die ich C. A. Medeiros, *Introdução à Geografia de Portugal*, Lissabon 1987, S. 320 ff. entnehme, allein in den beiden – weit abgesteckten – Großräumen.

[62] Im Sinn von frz. *le monde*.

[63] Bis in die sechziger Jahre herrschte in Lissabon ein Lebensstil (der *monde*), der in seinen Grundzügen an das erinnert, was uns für das Paris des 19. Jahrhunderts etwa aus den Romanen Balzacs bekannt ist.

[64] Das Leben in Lissabon – und nicht nur hier – ist in den letzten Jahren von einer Ruhelosigkeit und Hast geprägt, gegenüber der sich das Leben in Städten wie München oder Stuttgart geradezu ruhig ausnimmt.

[65] In Portugal müßte der Ausdruck natürlich umgekehrt gebraucht werden: der begehrte Platz (beim Stierkampf, Fußball usw.) ist dort der im Schatten – und nicht der in der heißen Sonne.

[66] Portugiesen hat es immer wieder beeindruckt – und beeindruckt es heute noch –, wenn die Söhne reicher (oder reichster) Familien in Amerika, Frankreich, Deutschland usw. unter harten Bedingungen erzogen, ausgebildet, für das Leben vorbereitet werden, den übrigen Jugendlichen gleichgestellt. – Die wirklichen *boas famílias* hatten zwar auch in diesem Punkt eine „wirkliche *boa tradição*" – eine in der Tat „gute Tradition", doch galt es weithin – quer durch alle Familien hindurch – als natürliches Privileg eines reichen Jugendlichen, das Leben (zunächst einmal) zu genießen. – Hierin liegt eine Wurzel des Dandytums, das wir in Mitteleuropa aus dem 19. Jahrhundert kennen und das sich in Portugal in manchen Zügen bis in die fünfziger, sechziger Jahre erhalten hatte (vgl. Anm. 67). – Soweit sich das übersehen läßt, ist auch hier eine Wandlung im Gange – während gleichsam umgekehrt in Amerika, Mitteleuropa manches aus der „guten alten Schule" verlorenzugehen scheint. – Wohlstand und harte Erziehung scheinen sich für die Mehrheit überall nicht gut zu vertragen ...

[67] Zur Transformation des Dandys in Portugal vgl. u. a. den *Fradique Mendes* von Eça de Queiroz.

[68] Vgl. Anm. 2.

[69] Eine hervorragende Übersicht über das Übergewicht der Peripherie auf der gesamten Iberischen Halbinsel gibt die einschlägige Karte bei H. Lautensach, *Iberische Halbinsel*, München ²1962. – Vgl. auch die ungleich größere Bevölkerungsdichte in der Peripherie. In Portugal hat die Provinz Minho die höchste Bevölkerungsdichte (bzw. die Gesamtprovinz Entre-Douro-e-Minho). Vgl. dazu besonders die zitierten Werke von B. Freund und C. A. Medeiros (Karten!).

[70] Im sog. Sebastianismus verbanden sich im 15. Jahrhundert jüdisch-messianische Erwartungen, sozialkritische Gedanken, Hoffnung mancher auf (auch soziale) Verbesserungen durch den König, Wunderglaube, Trauer über die Vernichtung des jungen Königs – die Haltung: „das kann einfach nicht Gottes letztes Wort sein" – und daher Warten, Hoffen auf seine Wiederkunft und schließlich eine allgemeine Hoffnung auf ein „Wiedererwachen" des Landes. – Der literarische Sebastianismus (dessen bekanntester Vertreter heute Fernando Pessoa ist und in den u. a. sehr viel des *saudosismo* [einer Grundhaltung der *saudade*: Sehnen nach der Erfüllung durch das Unendliche, nach der „Nacht", den geheimnisvollen Kräften einer unbegrenzten Natur, nach einer naturmystisch überhöhten Liebe usw.] einging) kam erst im 19. Jahrhundert zu voller Blüte. Der Sebastianismus als „Volks-Wunderglaube" an Lösungen im letzten Augenblick usw. ist die letzte Etappe in dieser Entwicklung (vgl. J. H. Saraiva, *História Concisa de Portugal*, S. 168 ff.).

[71] Eine auf ökonomisch-soziologischen Grunddaten basierende Mentalitätsstudie im Vergleich hätte dieses Kleinbürgertum mit dem in Mitteleuropa sich breitmachenden Spießbürgertum zu konfrontieren.

[72] Das ist 1975 geschrieben. Inzwischen hat man dem Problem der Institutionen und der Erziehung (bes. der Ausbildung) zwar eine verhältnismäßig große Aufmerksamkeit geschenkt, doch entscheidend war der wirtschaftliche Impuls (Demokratisierung; Öffnung nach Europa und Amerika – und anderen Ländern; Investitionen ausländischen Kapitals; Investition des portugiesischen Kapitals im Inland statt in den Kolonien [wenn auch nicht ausschließlich]; Devisen durch Gastarbeiter und Tourismus; Kredite durch den Internationalen Währungsfonds und bestimmte Länder; Niederlassung ausländischer Unternehmen und Zweigwerke; Modernisierung der einheimischen Industrie; Bauboom; Straßenbau; Verkehrsdichte [Auto!] usw.). – Ob sich das Land damit auf Dauer im Sinn von Magalhães Godinho ändern wird, ja ob seine Perspektive nicht bis zu einem gewissen Grad eine „Auslandsperspektive" ist (vgl. S. 10 f. das Zitat von A. Quadros), muß einstweilen offenbleiben. – In den Leitlinien wird Portugal schon heute als ein Teil der westlichen Welt bzw. Europas regiert; der nationale Standpunkt – ob von innen oder von außen – ist damit „überholt". – Die politisch interessierten Portugiesen wissen, daß sie nur noch teilweise von Lissabon regiert werden. Auch dies gehört zur Lage des Landes „auf der Kippe".

[73] Vgl. Anm. 15.

[74] Mit Absicht gliedern wir die portugiesische Gesellschaft nicht nach den gängigen Schlüsselbegriffen bestimmter soziologischer Richtungen, sondern nach Kriterien, die sich aus der Sache selbst ergeben. Wie sehr die Politisierung und Ideologisierung des Landes in der Revolutionsphase sogleich bestimmte soziologisch-politische Begriffsschemata lancierte – „Volk", „Klasse", „Arbeiter", „Bürger", „reaktionär", „Kazike", „klerikal" usw., die die Gegebenheiten des Landes in importierte Klischees zwängten –, war beeindruckend. – Wenn auch im Grundsätzlichen nicht neu, so doch lesenswert: Friedrich Dürrenmatt, „Das Volk ist nicht das Volk" (in der Wochenzeitung *Die Zeit* vom 12. 12. 1975; Vorabdruck eines Buches mit dem Titel *Zusammenhänge*).

[75] Vgl. dazu L. Lindley Cintra, *Formas de tratamento,* Lissabon 1971, und U. Kilbury-Meissner, *Die portugiesischen Anredeformen in soziolinguistischer Sicht,* Hamburg 1982 (Romanistik in Geschichte und Gegenwart).

[76] Es ist in Mitteleuropa ungleich schwieriger als in Portugal – in dem die beiden großen Gruppen „Volk" – „Nicht-Volk" den ersten Raster bilden –, einen Menschen spontan soziologisch einzuordnen; die Schwierigkeit ist der vergleichbar, in Portugal innerhalb des „Volks" und „Nicht-Volks" weiter zu differenzieren.

[77] Umgangsformen, die Erziehung voraussetzen (beispielsweise: gepflegt essen) – sehr zu unterscheiden von den guten *menschlichen* Umgangsformen, für die das portugiesische „Volk" nicht selten in feinerer Weise zeugt als zahlreiche sog. erzogene Mitteleuropäer.

[78] Zu „Masse" vgl. neben den klassischen Arbeiten von Le Bon, Ortega y Gasset, Freud, Scheler usw. vor allem die Arbeit Canettis. – Auch dieser Begriff faßt die Gegebenheiten in den Industrieländern heute natürlich nicht mehr.

[79] Einer der auffälligen Unterschiede zwischen dem Portugiesen und dem Deutschen etwa ist immer wieder die spontane Urteilskraft (gerade in menschlichen Dingen) beim portugiesischen „Volk" wie „Nicht-Volk". – Das eigentliche Wesen der Dummheit ist nach einem bekannten Wort Kants nicht etwa der Mangel an Logik, sondern das Fehlen der Urteilskraft. Der älter werdende Kant (der *Urteilskraft*) dürfte diese Bemerkung als ein Resümee seiner Lebenserfahrung geschrieben haben . . . – Bildung und Verfeinerung der Urteilskraft setzt konkrete Anschauung, konkrete Lösung konkreter Probleme in konkreten Lebenslagen voraus – begrifflich-wissenschaftliche Arbeit, selbst methodisch scharfes Vorgehen können unabhängig von der Urteilskraft erfolgen – Politisierung, Ideologisierung (u. a. auch die Wirkung der Medien), Partikularisierung der Berufe und Problemstellungen verlaufen parallel zu einem Abbau der Urteilskraft (in den in Frage stehenden Bereichen): man *übersieht „konkret"* nichts.

[80] Religiosität, Volksreligion und Klerikalismus sind zu allen Zeiten und auf allen Ebenen verschiedene Dinge. – Das ist angesichts so vieler Urteile über die „Völker" immer wieder zu betonen.

[81] Aufschlußreich wäre eine Untersuchung zum Zeitbegriff in der portugie-

sischen Literatur in der Art, wie sie Poulet *(Le Temps humain)* für die französische unternommen hat.

[82] Vgl. Anm. 15.

[83] Ein eindrucksvolles Zeugnis, das in Mitteleuropa heute kaum denkbar scheint, waren die mittelalterlich anmutenden Reaktionen der Einwohner in vielen kleineren Städten während der Revolutionsphase. – Ein Beispiel: In Famalicão hatten – nicht demokratisch gewählte – „Vertreter der Arbeiter" den Chef eines Textilunternehmens (und anderer Betriebe) „herauszuboxen" versucht, einen Mann, der für seine Leute und für die Stadt sehr viel getan hatte. Der Unmut der Belegschaft wurde dadurch noch verstärkt, daß die neue Betriebsführung naturgemäß schlecht funktionierte, das Geschäft stockte, Entlassungen drohten, Gehälter nicht gezahlt wurden usw. Die Belegschaft, dann ein größerer Teil der Einwohner der Stadt entlud seinen Zorn an den Kommunisten, die sie für die Verantwortlichen hielten. Man zieht in großer Formation vor den Sitz der kommunistischen Partei und setzt zum „Sturm" auf das Haus an. Das Militär kommt, schützt das Haus. Die Leute sagen: Gut, wir bleiben hier, bis die Soldaten abziehen, das Haus wird gestürmt; Famalicão braucht keine Kommunisten. Das Militär feuert Warnschüsse in die Richtung der Menge – ohne jeden Erfolg; man feuert in die Menge – und tötet einen jungen Mann. Die Menge bleibt. Vor die Wahl gestellt, ein Massenblutbad anzurichten oder nachzugeben, zieht sich das Militär zurück. Der Sitz der PC wird gestürmt, entdeckte Papiere werden verbrannt. – Der Tote wird unter Anteilnahme der halben Stadt beerdigt. – Die Gewerkschaftsvertretung wird unterrichtet, daß man in den Ausstand treten wird, falls der Unternehmer nicht wieder als Chef fungieren kann ... – Ähnliche Szenen gab es an den verschiedensten Orten (wobei allerdings nur in den seltensten Fällen Todesopfer zu beklagen waren).

[84] Im Süden ist bekanntlich seit der Reconquistazeit das Latifundienwesen charakteristisch gewesen (wie in Spanien): die eroberten, den Arabern genommenen Gebiete wurden von der Krone an die führenden Gefolgsleute, an Orden (vgl. u. a. die Funktion der Ritterorden), an die Kirche verteilt. – Demgegenüber haben wir im Norden Portugals das Minifundienwesen (das zur Zeit durch einen „natürlichen Ausleseprozeß" ein wenig verändert wird). – Heute befindet sich die Landwirtschaft ähnlich wie ein großer Teil der Industrie – vor allem die Klein- und Mittelindustrie – in einem radikalen Umstellungsprozeß: die Jugend geht in die Stadt, in die Fabrik; auf dem Land fehlt die Arbeitskraft; auf der anderen Seite fehlt auch die Rentabilität. Die Besitzer müssen also modernisieren, oder aber sie verkaufen oder lassen die ältere Generation, die noch auf dem Land wohnt, zunächst gewähren – um die Entscheidung aufzuschieben. – Ein Teil der jungen Leute, die in die Fabrik gehen, sind die Nutznießer dieser Situation: sie haben ihr Gehalt, wohnen aber noch lange bei den Eltern auf dem Land. Stadt- und Landbevölkerung gehen so ineinander über. Diese Übergangszeit wird sicherlich noch viele Jahre andauern; die offiziell proklamierten Zeiten für den (mehr oder weniger vollen) Einstieg in den Gemeinsamen Markt geben soziologisch lediglich Rah-

menbedingungen ab. – Nur so erklärt es sich im übrigen, daß diese Schichten mit den niedrigen Gehältern durchkommen. Wer von seinem Gehalt alles bezahlen muß, sieht sich sehr rasch in Schwierigkeiten. Deshalb geht es den Arbeitergruppen in den (Groß-)Städten, die solche (indirekten) Hilfen nicht haben, ungleich schlechter. – Man wird abwarten müssen, ob die scharfe Trennung der Berufe und Klassen in Portugal überhaupt so weit gehen wird wie in großen Teilen Mitteleuropas ...

85 Es handelt sich um einen – überall existierenden – „Typ" und nicht um eine für Portugal „typische Erscheinung".

86 „Eigennamen" für die Wochentage kennt das Portugiesische nur für den Samstag *(sábado)* und den Sonntag *(domingo)*. Die übrigen Tage werden vom Sonntag an gezählt. Der Montag ist also der „zweite Tag des Markts" oder „vom Markt an" *(segunda-feira)*, der Dienstag der dritte *(terça-feira; terça* als Kurzform zu *terceira)* usw. – „Marktform" im Sinn der *feira* haben noch heute zahlreiche Stadt- und Kirchenfeste. – Vgl. dazu M. de Paiva Boléo, *Os nomes dos dias da semana em portugués,* Coimbra 1941; J. Rohlfs, *Romanische Sprachgeographie,* Tübingen 1987.

87 In Lissabon (und teilweise auch in Coimbra, Braga und anderen Städten) gab es daneben eine Reihe „literarischer Cafés". – Das *café* scheint seine Funktion als „Kirche der Denker" auch in Portugal zunehmend einzubüßen.

88 Das war 1988 für den Produzenten ein nicht schlechter Preis.

89 Vor allem fehlen heute in Portugal die in Mitteleuropa üblichen Ausgleichszahlungen (Brüssel!) immer noch weitgehend. (In dem geradezu katastrophalen Landwirtschaftsjahr 1988 gab es Landwirte, die sich aus Verzweiflung erschossen haben ...)

90 Vgl. das in Anm. 28 angegebene Buch von Sérgio.

91 Hierauf ist in einer eigenen Arbeit in internationaler Perspektive noch einmal zurückzukommen.

92 Auch am Tourismus verdient bekanntlich nur ein Teil der Bevölkerung. Ein anderer Teil leidet unter der Teuerung.

93 Und damit auch Gegengewichte zu setzen gegen ein Erdrücken durch das Ausland ... Das gilt insbesondere auch für die Landwirtschaft.

94 Der einzelne fühlt sich menschlich weniger durch die beruflichen Beziehungen geprägt als etwa in der Bundesrepublik. – Ähnliches gilt übrigens auch für die politischen Parteien: ein Kontakt unter Mitgliedern verschiedener Parteien ist u. U. sehr eng und viel komplikationsloser als in der Bundesrepublik, wo ideologische Ausrichtungen viel massiveren Einfluß ausüben.

95 Das kritische Idiom, das diesen Typ faßt, ist *ter peneiras*: „sich etwas/ allerhand einbilden (ohne Grund dazu zu haben)".

96 In der Revolutionsphase machte vor allem der Revolutionsrat dies in seinen tage- und nächtelangen Sitzungen für alle Welt deutlich. – „Die zerredete Revolution" hieß ein (aufschlußreicher) Artikel von H. Bieber in der *Zeit* (25. 7. 1975). Doch sollte man auch die positive Seite dieser Eigenart nicht zu gering veranschlagen. Statt mit der Faust auf den Tisch zu schlagen, gewaltsam in eine Richtung zu zwingen oder zu den Waffen zu greifen, läßt man eher die

Meinungen aufeinanderprallen als die Menschen. – In welchem Land hat eine Revolution nur eine Handvoll Opfer gekostet?

[97] An die Stelle des „Bürgers" tritt der «bourgeois», heißt es in den *Buddenbrooks*. – Die Ende des 19./Anfang des 20. Jahrhunderts in Mitteleuropa erfolgte Umschichtung wird zur Zeit in Portugal nachgeholt (mit den veränderten Rahmenbedingungen der Gegenwart).

[98] Diesen Aufsatz von J. Dias – nach Leite de Vasconcelos der einzige portugiesische Anthropologe und Ethnologe von Weltruf – kann man kritisieren, da er in der Begriffsbildung nicht eindeutig ist, wenig Beweise für seine Volkscharakteristik bringt, für Züge des Volks als Beleg Zeugnisse der „höheren Kultur" bringt (Literatur, Malerei, Baustil usw.) – d. h. psychologische und ästhetische Kategorien vermischt –, manchmal sogar widersprüchlich ist. Dagegenzuhalten ist aber: der Aufsatz wird gerade auch von (führenden) Portugiesen immer wieder zitiert; J. Dias hatte eine seltene „Nähe zum Volk"; daneben lebte er lange Jahre in europäischen Ländern (bes. Deutschland), in Spanien, in Südafrika, in Amerika – er konnte daher vergleichen. Der Aufsatz ist von 1961; die Entwicklung der letzten Jahre ist also nicht berücksichtigt. Das gilt auch für die Methodologie. Er ist ein Zeugnis des „klassischen Portugal".

[99] Anspielung auf den 4. Vizekönig von „Indien", Jõao de Castro (1500–1548), und wohl auf den berühmten 2. Vizekönig Afonso de Albuquerque (1445 [?]–1515) – wenn nicht auf Mousinho de Albuquerque (1855–1902), der sich in den Afrikafeldzügen des 19. Jahrhunderts hervortat. Beides waren „wilde" Naturen – der erste allerdings in einer Form, die an die spanischen Conquistadoren-Typen erinnert (die für die spanische Geschichte konstitutiv sind [dazu ausgezeichnet Salvador de Madariaga in seinem Spanienbuch], für Portugal aber atypisch).

[100] Wörtlich: „Hat es sich gelohnt/War es der Mühe wert? – Alles lohnt sich/ Alles ist der Mühe wert, wenn die Seele nicht klein ist."

[101] Vgl. Anm. 75.

[102] Heute fordern besonders *Vossa Excelência* (und auch *Madame*, oft ausländischen Damen – und „Nicht-Damen" – gegenüber gebraucht) zur Ironisierung heraus.

[103] Hierbei überlappen sich mehrere Entwicklungsstränge, u. a.: a) das Zurückgehen der sog. indirekten Anredeformen (*O senhor vai comigo?* – „Gehen Sie mit mir?", wörtlich: „Geht der Herr mit mir?" – als sei von einem Dritten die Rede); b) die zunehmende Einebnung der unterschiedlichen Stile oder Stilebenen (die natürlich die soziologische Demokratisierung widerspiegelt); c) der Einfluß des Brasilianischen (nicht zuletzt über die *telenovelas*), in dem das *você* seit langem eine sehr große Rolle spielt; d) wohl auch der Einfluß anderer Sprachen (vgl. frz. *vous* usw.). Nicht selten hört man heute Mischformen. Etwa ein Jugendlicher auf dem Land: *Ó Sr. Doutor, você deixa-me fazer um telefonema? ... – Obrigado, Sr. Doutor.*

[104] Ein paar Termini, die heute ungebräuchlich oder veraltet sind, habe ich nicht übersetzt.

[105] Spontane Einstellung auf neue Situationen macht den entscheidenden Unterschied zwischen der sog. praktischen Intelligenz und dem Instinkt aus, der ein (zumindest annähernd) gleiches Verhaltensmuster gegenüber als (zumindest annähernd) gleich erfaßten Konstellationen darstellt.

[106] Systemkritische Überlegungen zu den modernen Industriestaaten stellen nicht zuletzt die Schwerfälligkeit oder gar Unfähigkeit heraus, auf Störungen des „labilen Gleichgewichts" „biologisch" zu reagieren – d. h. eine zu große Starrheit. Diese starren Systeme sind aber vor allem – zunächst – logisch konstruierte Systeme. Zu den unterschiedlichen Definitionsansätzen in der (anthropologischen) Begründung der (Entstehung der) Logik vgl. u. a. Max Scheler, *Die Stellung des Menschen im Kosmos.*

[107] *Portugiesische Märchen*, hrsg. v. Harri Meier und Dieter Woll, Düsseldorf/Köln 1975, S. 16 ff. Titel: „Das Bäuerlein".

[108] Wobei von bestimmten Stellungen an – oder in bestimmten Stellungen – Entscheidungen von Leuten getroffen werden (dürfen/sollen/...), die die Fachleute „für sich arbeiten lassen" (etwa in der Politik, bestimmten Bereichen der Wirtschaft und Industrie usw.). D. h.: ober- oder unterhalb der Ebene des Fachmanns tummeln sich jene, die wissen, ahnen oder nutzen, daß es in den wesentlichen Dingen nicht angeht, den auf Details fixierten Blick des Fachmanns zum letzten Maßstab zu machen. Zudem herrscht heute eine allgemeine Manipulation durch den Rückgriff auf „Wissenschaft". Wenn uns ein Schaufenster einer Apotheke Entstehung, Verlauf und Vergehen des Hustens „wissenschaftlich darstellt", macht man Reklame für bestimmte Medikamente. – Die Wissenschaftsgläubigkeit eines immer noch großen Teils der Bevölkerung wird von der Wirtschaft aufs schamloseste ausgenutzt.

[109] In der Revolutionsphase vertrat Vaco Gonçalves diesen Typ recht anschaulich.

[110] Die Auseinandersetzung von Cardoso Pires und anderen mit dem *machismo* und, genereller, dem „klassischen Umgang der Geschlechter" ist natürlich im Zusammenhang zu sehen mit der „klassischen Erziehung", der bis in die sechziger, siebziger Jahre reichenden Ideologie von der „Reinheit der portugiesischen Frau", mit religiösen Gedanken usw. – Vgl. für Spanien etwa das Werk Goytisolos. Der tiefgreifende Wandel in den letzten Jahren, insbesondere auch, was die Stellung der Frau anbelangt, erfolgte im Vergleich zu anderen Ländern allenfalls mit zeitlicher Verspätung.

[111] Das gilt natürlich nicht nur für Portugal; es gilt zum guten Teil auch für die hochindustrialisierten Länder.

[112] Vgl. dazu Max Scheler, *Über Scham und Schamgefühl* (*Gesammelte Werke*, Bd. 10, Bern 1957).

[113] Die „Sexwelle" hat nach dem 25. April 1974 das Land sofort überrollt. – Vgl. zu dem Thema die einschlägigen Arbeiten von Marcuse.

[114] E. R. Curtius und andere haben den deutschen „Entwicklungsroman" dem besonders für Frankreich typischen Roman gegenübergestellt, in dem sich die Charaktere (eher) „entfalten". – Beweisbar sind solche Züge als domi-

nierende Charakteristika eines Volks natürlich nur sehr schwer, wenn überhaupt.

[115] Vgl. etwa Braga, Teile von Guimarães, Coimbra – um nur einige Beispiele zu nennen, oder die Touristenzentren im Algarve. – Diese „modernisierende Zerstörungs- und Aufbauarbeit" erfaßt ein Land nach dem andern ...

[116] Ohne eine staatlich-bürokratische Orientierung ist die Modernisierung eines Landes als ganzen natürlich nicht denkbar; der in alle Lebensbereiche hineinwirkende Staat macht sich in Portugal aber – wie andernorts auch – keineswegs nur positiv bemerkbar.

[117] Die verschiedenen Ebenen, auf denen „Normengläubigkeit" einerseits, „Sittenfolgsamkeit" andererseits liegen, hat Fernando Pessoa nicht gesehen. Für den Mitteleuropäer ist der Terminus „Disziplin" für das, was er meint, befremdlich. Aber die Sache als solche scheint mir sehr richtig erkannt. Vgl. die folgenden Seiten im Text.

[118] Dabei bilden Paris und Südfrankreich allerdings eine wichtige Ausnahme. – Ganz anders liegen die Dinge im übrigen heute bei den Kindern der Gastarbeiter, der sog. zweiten Generation: diese entscheiden sich zum guten Teil für Deutschland, Frankreich usw., weil für sie das Herkunftsland der Eltern weitgehend „fremd" ist, weil sie mit den dort herrschenden Sitten ihre Schwierigkeiten haben – ganz zu schweigen von den sprachlichen Schwierigkeiten usw. – Mit der zunehmenden Angleichung der Länder dürfte diese Problematik in zehn, zwanzig Jahren wieder ganz anders aussehen.

[119] So etwa Max Scheler in *Nation und Weltanschauung* (*Gesammelte Werke*, Bd. 6).

[120] Es ist eine historische, wenn letztlich nicht sogar eine geschichtsphilosophische Frage, inwieweit eine solche „Entartung" in der Definition von Normen (bis zu einem gewissen Grad zumindest) immer mitgespielt hat. Zumindest dürften sich die Epochen aber darin unterscheiden, daß die normengebenden Gruppen in den einen von der „Verpflichtung" dieser Normen überzeugt waren, in den anderen nicht. – Selbst wenn man von der radikalskeptischen Auffassung ausgeht, daß auch solche Überzeugungen – vielleicht unbewußt oder durch Verdrängungen verstellt – von Interessen motiviert sind, so bleibt es doch ein Unterschied, ob eine herrschende Gruppe an die von ihr vertretenen – und vom „Volk" erzwungenen – Normen glaubt oder ob sie zynisch manipuliert. – Und es bleibt ein Unterschied, ob solche Normen mit religiösen, kulturellen, humanen Argumenten begründet werden oder (nur) mit wirtschaftlichen; und hier wiederum: ob für Völker – oder Klassen –, die im Elend leben, oder für solche, deren Lebensstil durch Überfluß geprägt ist. Eine moralische Begründung für die „Notwendigkeit des Reichtums" kann es nicht geben.

[121] Vgl. die Diskussionen in der (selbsternannten) und um die „Postmoderne" heute in Frankreich, der Bundesrepublik usw.

[122] Vgl. die Anm. 117, 119 und 120.

[123] Vgl. in diesem Zusammenhang beispielsweise das „rasche Beleidigtsein des Deutschen" (bei einem schärferen Wortwechsel), der mit „seinem An-

walt" droht – ein Verhaltensmuster, das in Portugal (und anderen romanischen Ländern) keine Parallele kennt.

[124] Ähnlich wie bei J. Dias werden auch bei Ed. Lourenço historische, ästhetische, psychologische Ebenen nicht geschieden.

[125] Karl Kerényi, „Mensch und Gott nach Homer und Hesiod", Teil 2: „Vom Lachen der Götter", in: *Antike Religion*.

[126] Der Terminus wird hier im Sinn von R. Barthes gebraucht.

[127] Vgl. (bes.) mit dem ersten Satz des Zitats das Kapitel zur „Ambiguität des Eigensinns". – Während der Wirren der Revolutionszeit schrieb ein spanischer Publizist, die Portugiesen „beherrschten sich nicht (selbst) und ließen sich nicht beherrschen". – In der Tat lassen sich Portugiesen höchst ungern etwas „befehlen" – während sie jemandem, den sie schätzen, oder in Dingen, von deren Sinn sie überzeugt sind, aus freien Stücken mit größter Freude aufs weiteste entgegenkommen.

[128] Auch dies ist natürlich nicht auf Portugal beschränkt, fällt hier aber noch mehr auf als in Ländern mit einer intensiveren Schul- und Universitätstradition. – Vgl. in diesem Zusammenhang auch das „scholastische" Erziehungs- und Ausbildungssystem und das Magister-dixit-Prinzip; beides lockert sich nur sehr langsam. Die Aufforderung zu eigener Analyse und selbständiger, fundierter Meinungsbildung kommt immer noch zu kurz (während in der Bundesrepublik weitgehend zu viel „Meinungsaustausch" und „Meinungsdarstellung" statt exakter Analyse und konkretem Lernen betrieben wird).

[129] Vgl. S. 71 f.

[130] Seit der Revolution gehören Waldbrände alljährlich zum „normalen Landschaftsbild". Inwieweit da politische Motive hineinspielen, inwieweit nicht, scheint nicht geklärt; in jedem Fall sind das Einschreiten dagegen und vor allem die Strafen der Gefaßten viel zu lax (und die „permanent" eingesetzten Feuerwehrleute zu bedauern). Wo gibt's das sonst?: 17 Jahre monatelang (allüberall) Waldbrand – sozusagen ungestraft?! (Wird mal einer gefaßt, feiert das Fernsehen eine Jubelschau. Neuerdings sollen drei Flugzeuge ein paar Stunden täglich eigens zur Waldbeobachtung unterwegs sein. – Sagt man den Feuerwehrleuten: „Ohne Polizei wird man nicht dagegen ankommen", bekommt man zur Antwort: „Ach, die Polizei, die will nicht . . .")

[131] Die Unruhen in den Kolonien und die daraus resultierenden Gefahren wurden Salazar von führenden portugiesischen Wissenschaftlern lange Jahre vorausgesagt . . .

[132] Im Mittelpunkt der Philosophie eines Heidegger etwa steht die „Sorge" – sicherlich ein Ausdruck der Zeit, der Epoche und verknüpft mit dem philosophischen Gedanken der „Zeitlichkeit", doch wohl auch ein Ausdruck deutscher Einstellung zum Leben. Man stellt sich nur schwer einen iberoromanischen Philosophen vor, der dieses Prinzip *in den Mittelpunkt seiner Philosophie rückte* (bei aller Melancholie, *saudade*, Bedrängnis durch den Alltag o. ä.).

[133] Auch in dieser Beziehung ließe sich mit Handke sagen, daß die „Unvernünftigen noch nicht ausgestorben sind".

[134] Goethe, *Hamburger Ausgabe*, Bd. 13.

[135] Zitiert nach: Karl Kerényi, „Das Licht und die Götter in Griechenland", in: *Auf den Spuren des Mythos*.

[136] Vgl. Wolfgang Leiner, *Das Deutschlandbild in der französischen Literatur*, Darmstadt ²1991.

[137] Es würde sich lohnen, einmal den Topoi nachzugehen, mit denen in Deutschland Portugal präsentiert wird.

AUSWAHLBIBLIOGRAPHIE

I. BILDBÄNDE

À Descoberta de Portugal, Lissabon 1982 (Selecções do Reader's Digest).
Saramago, J., *Viagem a Portugal*, Lissabon 1981.
Por Terras de Portugal, Lissabon 1985 (Selecções do Reader's Digest).

SARAMAGO (einer der führenden zeitgenössischen Autoren) fingiert eine zugleich locker und mit viel Akribie organisierte Kulturreise quer durch das Land (bes. durch Museen, sehenswerte Kirchen, Geburtshäuser großer Portugiesen usw.); vielleicht etwas subjektiv, aber höchst instruktiv.

Por Terras de Portugal sucht die politische, soziale und wirtschaftliche Geschichte Portugals anhand von 118 *aglomerados* sinnfällig zu machen, wobei diese Ortschaften auf unorthodoxe Weise nach Gegenden geordnet werden, für die sie sprechend sind; ein ausgezeichnetes Glossar zu Grundbegriffen der port. Kulturgeschichte und eine (sehr knapp gehaltene) Einführung in Bedeutung und Funktion unterschiedlicher Stadtanlagen und Straßentypen runden das Buch ab.

À Descoberta de Portugal schließlich teilt Portugal in die klassischen Provinzen ein; zu Eingang jeder Provinz-Darstellung werden zwei Bilder in Großformat gebracht, die den Landschafts*typ* repräsentieren, begleitet von einem „wissenschaftlichen" Text; anschließend geht die Beschreibung zunächst nach Orten vor (wobei Kleinbilder auf großen Seiten von einem fortlaufenden Text umrahmt sind), doch wird dieser rote Faden ergänzt und unterbrochen durch (typographisch abgehobene) Erklärungen, Darstellungen usw. aller wissenswerten Einzelphänomene (sei es Haustyp, Werkzeug, Bodenform, Fauna, Flora, historische Gegenstände o.a.m.); und zusätzlich werden für Themen und Fakten, die mehr Platz verlangen, eigene Seiten reserviert. Das von zahlreichen Fachleuten für anspruchsvolle Leser verfaßte Buch, in der Tradition der in Portugal noch sehr lebendigen «géographie humaine» und Volkskunde, ist heute, als Bildband, *die* Landeskunde Portugals.

Auch auf dem deutschen Markt gibt es inzwischen eine Reihe eindrucksvoller und vom Text her anspruchsvoller Bildbände; doch fast alle präsentieren das Land nach einem (zum guten Teil vorab mehr oder weniger feststehenden) „klassischen Bild". Das „normale" Land, der Mann auf der Straße (der Stadt!), die Modernisierung u.a.m. werden durchweg ausgeblendet; die Bildauswahl läßt sich leiten von der Faszination der Landschaft, des Meeres, der Schiffe, des Bauern, der Landfrau, der Märkte, für einen Mitteleuropäer ungewöhnlicher Sitten (Fátima, religiöse Feiern, romarías) usw.; das Bild ist stark vergangenheitsorientiert, zum Teil ins Idyllische verfremdet. – Daher die Angabe dreier grundlegender portugiesischer Bücher.

Merian

Drei Hefte über *Portugal* als ganzes; das erste kurz vor der Revolution, das zweite 1981 – den neuen Gegebenheiten notdürftig angepaßt; das dritte 1986, völlig neu angelegt. – Dann je ein Heft über *Lissabon, Algarve, Madeira* und schließlich eine Nummer über *Lissabon und Portugal*. (Hier findet man im übrigen auch einige nützliche aktuelle Literatur zu Reise, Wirtschaft und Politik.) – Wichtig u. a. die „Kulturkarten".

Geo (Dez. 1989)

II. REISEFÜHRER

Fischer, Th., *Portugal-Reise-Handbuch*, Köln ³1988 (DuMont Richtig reisen).
Kuder, M., *Portugal*. Reiseführer mit Landeskunde. Buchschlag bei Frankfurt ²1986 (Mai's Reiseführer 39).
Schwanfelder, W. u. S., *Portugal*, Freiburg 1986 (Walter-Reiseführer).
Steinecke, R. u. A. (Hrsg.), *Portugal*, Ein Reisehandbuch.
Strelocke, H., *Portugal. Vom Algarve zum Minho*. Köln ⁷1987.

Dann bes. zu erwähnen der *Guia de Portugal* – ausführlichster Führer durch Portugal; manche Bände haben eine ausgezeichnete allgemeine Einleitung – und, wegen der Akribie der Darstellung, der *Michelin* und der *Guide Bleu*.
Die erwähnten – und andere (*Baedeker, Polyglott* usw.) – Reiseführer erschließen das Land unter den verschiedensten Gesichtspunkten – eine Entwicklung der letzten Jahre, deren Auswirkung kaum zu unterschätzen sein dürfte und mit der eine vertiefte kulturelle, literarische, wissenschaftliche Darstellung Portugals nicht Schritt hält.

III. UMFASSENDERE DARSTELLUNGEN ALLGEMEINER ART

Allemann, Fr. R., *8 mal Portugal*, München ²1983 (Erstauflage 1971).
Decker, G. u. A., *Portugal*, München 1987 (Beck'sche Reihe. Aktuelle Länderkunden).

Decker/Decker versuchen einen „Insider-Überblick" über die aktuellen Probleme Portugals, mit Ausblicken in die Vergangenheit; bei Allemann ist ein Vergleich angebracht zwischen der ersten und zweiten Auflage; die erste schildert das vorrevolutionäre Portugal. Vgl. außerdem seine Darstellung in den

ersten beiden Merianheften, in dem Bildband bei Francke usw. Hervorge-
hoben wird der Unterschied zwischen Portugal und Spanien.

Anthologie

Portugal. A Terra e o Homem, 2 Bde., I: *Antologia de Textos de Escritores dos
Séculos XIX–XX*, hrsg. v. Vitorino Nemésio, Lissabon ²1978; II: *Antologia
de Textos de Escritores do Século XX*, hrsg. v. David Mourão-Ferreira, Lissabon 1979 (beide Gulbenkian).

Wem es darum geht, zu verstehen, wie die „großen" Portugiesen ihr Land
sahen und sehen, der findet hier eine vorzügliche Textauswahl; es gibt kaum
eine bessere Einführung in die portugiesische Geistes- und Kulturgeschichte.
Nicht wenige Zitate habe ich dieser Anthologie entnommen.

IV. GEOGRAPHIE, MORPHOLOGIE, «GÉOGRAPHIE HUMAINE»

Freund, B., *Portugal*, Stuttgart ²1981.
Lautensach, H., *Portugal*, 2 Bde., I.: *Das Land als Ganzes*, in: Pet. Mittei-
lungen; Ergänzungsheft 213, Gotha 1932; II: *Die portugiesischen Land-
schaften*, ebd., Ergänzungsheft 230, Gotha 1937.
Ders., *Die Iberische Halbinsel*, München ²1969.
Medeiros, C. A., *Portugal. Esboço breve de geografia humana*, Lissabon
²1978.
Ders., *Introdução à geografia de Portugal*, Lissabon 1987.
Ribeiro, O., *Portugal* (= Bd. V der *Geografía de España y Portugal*, hrsg. v. M.
de Terán), Barcelona 1955.
Ders., *Portugal, o Mediterráneo e o Atlântico*, Lissabon ⁵1987.
Ders.,/H. Lautensach, *Geografia de Portugal*. Organização, comentários e ac-
tualização de Suzanne Daveau, 4 Bde., I: *A posição geográfica e o território*,
Lissabon 1987; II: *O ritmo climático e a paisagem*, Lissabon 1988; III: *O
povo português*, Lissabon 1989; IV: *A vida económica e social*, Lissabon 1991.
Weber, P., *Portugal: Räumliche Dimension und Abhängigkeit*, Darmstadt
1980.

Den besten Einstieg in die „kultur"- und wirtschaftsgeographischen Gege-
benheiten Portugals für einen Deutschen bietet FREUND (hervorragende
Karten, Skizzen, Tabellen), dann WEBER. – Die bahnbrechenden, immer noch
grundlegenden wissenschaftlichen Darstellungen gehen zurück auf LAUTEN-
SACH und RIBEIRO. – Lautensach 1969 (Erstauflage 1964) gibt ein detailliertes
Gesamtporträt der gesamten Iberischen Halbinsel, mit einem vorzüglichen
Kartenteil. Das Buch ist bis heute unübertroffen. – Ribeiro 1955 ließ sich u. a.
von Lautensach anregen. – Ribeiro 1987 ist heute in Portugal eine Art „Schul-
bibel". Das Buch gibt die detaillierteste und feinsinnigste Landschaftsgliede-

rung (Karten und konzise Beschreibung) für Portugal als Ganzes. – RIBEIRO/ LAUTENSACH/DAVEAU setzten sich zum Ziel, *die* Synthese zu geben. Die Bände geben zur Geologie, Morphologie, Ethnologie, Anthropologie, Sozial-, Bevölkerungs-, Wirtschaftsstruktur, zu den historischen Entwicklungsschritten, zum Klima die präziseste Information, die es zu diesen Themen heute gibt. – Komprimierteste Gesamtstudie über die „géographie humaine" Portugals heute MADEIROS 1987.

V. GESCHICHTE

Armando, W. G., *Geschichte Portugals*, Stuttgart 1966.

Atkinson, W. G., *Geschichte Spaniens und Portugals*, München 1962.

Bieber, H., *Portugal*, Hannover 1975.

Konetzke, R., *Geschichte des spanischen und portugiesischen Volkes*, Leipzig 1939 (Die Große Weltgeschichte 8).

Ders., *Das spanische Weltreich*. Grundlage und Entstehung, München 1943.

Oliveira Marques, A. H. de, *História de Portugal*, 2 Bde., Lissabon ²1975. (Auch englisch: *History of Portugal*, New York/London 1972.)

Ders., *História de Portugal*, Lissabon 1991.

Saraiva, J. H., *História concisa de Portugal*, Lissabon 1978.

Ders., *Breve História de Portugal Ilustrada*, Freiburg/Genf ³1979.

Ders., *Para uma História do Povo português. Raíz e Madrugada*, J. H. Saraiva. Gradiva-Publicações, Lda. 1989.

Sérgio, A., *Breve Interpretação da História de Portugal*, Lissabon 1972 (= Bd. I der *Obras Completas*; geht auf eine span. Ausgabe und die wiederum auf eine port. von 1923 zurück). (Die port. Erstauflage auch deutsch: *Abriß der portugiesischen Geschichte*, Hamburg 1925.)

Veríssimo Serrão, J., *História de Portugal* (angelegt auf 13/14 Bde.; bisher sind 11 erschienen).

Zum Nachschlagen:

Ruhl, Kl.-J., *Spanien-Ploetz*. Spanische und portugiesische Geschichte zum Nachschlagen. Freiburg/Würzburg 1986.

Die umfangreichste aktuelle Geschichte Portugals ist die von VÉRISSIMO SERRÃO, die allerdings noch nicht abgeschlossen ist. – Sehr gute Gesamtdarstellung, kritisch: OLIVEIRA MARQUES, 1975; in Kurzform 1991. – Konziser, kritischer Gesamtüberblick: SARAIVA 1979; in Kurzform, illustriert, anschaulich: ³1979; von der Vorgeschichte bis zur Staatsgründung: sehr schöne, reich bebilderte Darstellung 1989 (nicht immer auf der Linie der „Fachwissenschaft"). Prägnante Erörterung der grundlegenden Entwicklungslinien und der entscheidenden Punkte der port. Geschichte (in sehr kritischer Perspektive): SÉRGIO; nicht selten thesenhaft überspitzt; aber nach wie vor beste Einführung in eine Auseinandersetzung mit den Gründen der „Rückständigkeit" Portugals. (Vgl. den Artikel SÉRGIO im *Dicionário de História de Portugal*.)

Eine gute, aktuelle, wissenschaftliche Gesamtdarstellung der port. Ge-

schichte auf deutsch gibt es nicht. Im wissenschaftlichen Sinn sind heute die „klassischen Darstellungen" die von VERÍSSIMO SERRÃO und OLIVEIRA MARQUES (²1975).
Vor- und Frühgeschichte:
Savory, H. N., *Espanha e Portugal*, Lissabon 1985 (hervorragendes Karten- und Bildmaterial). (Vgl. oben J. H. Saraiva 1989.)

VI. ENTDECKUNGEN, ÜBERSEE

Albuquerque, L. de, *Introdução à história dos descobrimentos portugueses*, Lissabon ³1983.
Kaulza de Arriaga, *Guerra e política*, Lissabon 1987.
Caetano, M., *Tradições, princípios e métodos da colonização portuguesa*, Lissabon 1951.
Ders., *Évolution sans révolution*, Paris 1972.
Cortezão, J., *L'expansion des Portugais dans l'histoire de la civilisation*, Lissabon 1983.
Daus, R., *Die Erfindung des Kolonialismus* (= Entstehungsgeschichte des europäischen Kolonialismus am Beispiel Portugals), Wuppertal 1983.
Historia Mundi, Bd. 8: *Die überseeische Welt und ihre Erschließung*, Bern/ München 1959.
Loth, H., *Das portugiesische Kolonialreich*. Aufstieg und Fall, Berlin 1982 (Deutscher Verlag der Wissenschaft).
Moreira, A., *Ensaios*, Lissabon 1962 (Junta de Investigações do Ultramar. Centro de Estudos Políticos e Sociais. Estudos de Ciéncias Políticas e Sociais 34).
Ders., *Portugals Überseepolitik*, Baden-Baden 1963.
Ders., *O tempo dos outros*, Lissabon 1968.
Pietschmann, H., *Die staatliche Organisation des kolonialen Iberoamerika*, Stuttgart 1980.
Prestage, E., *Die portugiesischen Entdecker*, Leipzig 1936.
Ptak, R. (Hrsg.), *Portugals Wirken in Übersee: Atlantik, Afrika, Asien*, Bammental/Heidelberg 1985.
Ders., *Portugal in China*, Bammental/Heidelberg ²1982.
Spínola, A. de, *Portugal und die Zukunft*, Düsseldorf 1974.
Ure, J., *Heinrich der Seefahrer. Der Aufbruch ins Zeitalter der Entdeckungen*, Wiesbaden 1979.

KAULZA DE ARRIAGA war einer der führenden Generäle des alten Regimes; CAETANO Nachfolger Salazars bis zur Nelkenrevolution; SPÍNOLA, ebenfalls einer der führenden Generäle, trug mit seinem Buch zum Ausbruch der Revolution bei; MOREIRA war Überseeminister: die Bücher ließen sich auch unter der Rubrik „Politik" einordnen.

VII. WIRTSCHAFTSGESCHICHTE, WIRTSCHAFTSSTRUKTUR

Castro, A., *O sistema colonial português em África* (Meados do século XX), Lissabon 1978.

Ders., *Introdução ao estudo da economia portuguesa* (Fim do Século XVIII a princípio do XX), Lissabon 1947.

Ders., *A Revolução industrial em Portugal*, Lissabon 1971 (revidierte Fassung der *Introdução*).

Ders., *A economia portuguesa do seculo XX. 1900–1925*, Lissabon 1973–75.

Ders., *História económica de Portugal*, Bd. I: *Introdução*, Lissabon 1978.

Magalhães Godinho, V., *Estrutura da antiga sociedade portuguesa*, Lissabon ²1975 (= Standardwerk).

Ders., *Os decobrimentos e a economia mundial*, 2 Bde., Lissabon 1963/71 (= Standardwerk).

Ders., *Ensaios sobre História de Portugal*, Lissabon 1968.

Ders., *Introdução à história económica*, Lissabon 1970.

Kellenbenz, H., „Wirtschaftsgeschichtliche Aspekte der überseeischen Expansion Portugals", in: *Scriptae mercaturae*, Heft 2, München 1970.

Mauro, Fr., *Études économiques sur l'expansion portugaise. 1500–1900*, Paris 1970 (= Standardwerk).

Muteira, M., *Desenvolvimento, subdesenvolvimento e o modelo português*, Lissabon 1979.

Vgl. außerdem den Sammelband eines im April 1983 in Lissabon realisierten Kongresses:
Evolução recente e perspectivas de transformação da economia portuguesa, 4 Bde., Lissabon 1983–84 (Instituto Superior de Economia).

Vgl. dazu die einschlägigen Kapitel in den oben angegebenen Büchern von FREUND, MADEIROS und WEBER sowie bes. LAUTENSACH/RIBEIRO/DAVEAU.

VIII. STADT – LAND; LANDWIRTSCHAFT; STADTENTWICKLUNG

Cavaco, Carminda, *Alguns aspectos das estruturas agrárias de Portugal continental*, Lissabon 1979 (Centro de Estudos Geográficos. Masch-Ms.).

Cabral Cordovil, Fr., „Transformação das explorações agrícolas em Portugal nas últimas tres décadas (1950–80) e efeitos previsíveis da adesão à CEE", in: *Economia e Socialismo*, 61 (1984).

Kuder, M., „Landschaften und Wirtschaft in Portugal", in: *Geographische Rundschau* 12/3 (1969).

Pereira, M., *Alguns elementos para a caracterização da asimetria regional agrária portuguesa*, Oeiras 1974 (Fundação Gulbenkian, Centro de Estudos de Economia Agrária).

Ders., *A estrutura agrária portuguesa (1968–70). Suas relações com a população e a produção agrícola*, Oeiras 1979.

Alves Pereira, Teresa, *O sector agrícola e o sistema capitalista*. Análise de algumas formas de integração, Lissabon 1986 (Centro de Estudos Geográficos. Masch.-Ms.).

Schauer, P., *Die Agrarwirtschaft Portugals. Strukturwandlungen und Entwicklungsmöglichkeiten*, Willinghausen 1978 (hrsg. v. d. Gesellschaft für Portugalinformationen).

Aufschlußreich die beiden Sammelbände:
A agricultura latifundiária na Peninsula Ibérica. Seminário, Oeiras 1980 (hrsg. v. A. de Barros).
A pequena agricultura em Portugal (*Revista Crítica de Ciéncias Sociais* 7–8, 1981).

Dazu die einschlägigen Kapitel bei FREUND, MEDEIROS, WEBER, LAUTENSACH/RIBEIRO/DAVEAU.

IX. DEMOGRAPHIE

Carvalho Arroteia, J., *A evolução demográfica portuguesa. Reflexões e perspectivas*, Lissabon 1985.

Gaspar, J., Portugal: «População e povoamento. Evolução recente, tendéncias e perspectivas», in: *Povos e Culturas* (1986).

Dazu die einschlägigen Kapitel bei FREUND und MEDEIROS, LAUTENSACH/RIBEIRO/DAVEAU.

Vgl. dazu auch:
Guichard, Fr., *Atlas demográfico de Portugal*, Lissabon 1982.

X. PORTUGAL – DEUTSCHLAND

Jacob, E. G., *Der Deutsche in Portugal und Spanien*, Hamburg 1935.

Ders., *Grundzüge der Geschichte Portugals und seiner Überseeprovinzen*, Darmstadt 1969 (im Anhang nützliche Datentafel).

Kuder, M./H. P. Ptak, *Deutsch-portugiesische Kontakte in über 800 Jahren und ihre wechselnde Motivation*, Bammental/Heidelberg 1984.

Strasen, E. A./A. Gándara, *Oito séculos de história luso-alemã*, Berlin 1944.

Treue, W., „Deutsch-portugiesische Wirtschaftsbeziehungen im 20. Jahrhundert", in: *Vierteljahresheft für Sozial- und Wirtschaftsgeschichte*, 50/1 (1963).

Matos, M. de, *Das Bild Portugals in der öffentlichen Meinung der Bundesrepublik Deutschland 1961–1975*, Diss. Bonn.

Schließlich seien zwei literarische portugiesische Werke genannt, die die jüngsten dt.-port. Beziehungen zum Thema haben:
Gonçalves, O., *A floresta em Bremerhaven*, Lissabon 1975 (Seara Nova).
Pinto Correira, C., *Adeus Princesa*, Lissabon 1985 (Relógio d'Água Editores).

XI. PORTUGAL – EUROPA

Kuder, M., „Die portugiesische Verwirklichung zwischen Europa, Afrika und Asien", in: Ders., *Portugal-Skizzen*, Bammental/Heidelberg 1983.

Madariaga, S. de, *Porträt Europas*, Stuttgart 1955.

Natário, L. de, *Le Portugal e l'Europe*, Diss. Lausanne/Montreux 1977.

Paiva, A. (Hrsg.), *Portugal e a Europa. O fim de um ciclo migratório*, Lissabon 1985.

XII. PORTUGAL – EG

Deubner, Chr., *Spanien und Portugal: der unsichere „europäische Konsens"*. Der Beitritt zur EG als soziales und innenpolitisches Problem, 1982 (Internationale Politik und Sicherheit).

Pereira Mateus, A., *Crescimento económico e dívida externa. O caso de Portugal*, Lissabon 1984 (Instituto de Estudos para o Desenvolvimento; caderno 14).

Maass, G., *Portugal. Ein Schwellenland in der Schuldenkrise*. Wirtschafts- und Entwicklungspolitik im Zeichen von Auslandsverschuldung und IWF – Interventionen 1974–1984, 1986.

In den *Spanien/Portugal-Informationen* Nr. 4 von 1988 (hrsg. v. H.-J. Puhle und B. Freund, Univ. Bielefeld bzw. Frankfurt) gibt der „Arbeitskreis sozialwissenschaftlicher Forschung über Spanien und Portugal" neben den drei Tagungsberichten:

Freund, B., „Konsequenzen der EG-Mitgliedschaft für die Regionalentwicklung und die besonderen Auslandsbeziehungen Portugals".

Ders. u. Chr. Kummert, „Impulse sozio-kulturellen Wandels in Portugal".

Ders., „Probleme städtischer Verdichtungsräume in den Mittelmeerländern": eine Übersicht über Einrichtungen zur sozialwissenschaftlichen Forschung in Spanien und Portugal und über (von der Stiftung Volkswagenwerk bewilligte) Forschungsprojekte.

XIII. POLITIK

Ich gebe lediglich an:

Magalhães Godinho, V., *Pensar a democracia para Portugal incomodamente*, Lissabon 1976.

Ders., *Portugal. A pátria bloqueada e a responsabilidade de cidadania*, Lissabon 1985.

Ders., *Para a renovação da política nacional*, Lissabon 1978.

Ders., *Um projecto para Portugal*, Lissabon 1979.

Ders., Reflexão sobre Portugal e os Portugueses na sua história, in: *Revista Ecónomica e Social* 10 (1982).

Ders., *O socialismo e o futuro da Península*, Lissabon 1970.

Lourenço, Ed., *Situação africana e consciência nacional*, Lissabon 1976 (Publicações Génese; cadernos Critério, Nr. 2).

Ders., *O fascismo nunca existiu*, Lissabon 1976.

Ders., *O labirinto da saudade. Psicanálise mítica do destino português*, Lissabon 1978.

Ders., *O complexo de Marx*, Lissabon 1979.

Ders., *Nós e a Europa ou as duas razões*, Lissabon 1988.

Conçalves Martins, M., *Le salazarisme et les anciens territoires portugais d'outre-mer*, Diss.-Univ. Nanterre 1976.

Ders., *A evolução do império português e a conjuntura internacional*, Habil.-Schr., Braga 1983.

Ders., *O imperialismo de ontem e o imperialismo de hoje*, Braga 1983.

Ders., *O novo imperialismo e os direitos de Portugal* (Elementos de diplomacia portuguesa e política internacional), Braga 1985.

Ders., *Política internacional*. Elementos para uma análise global, Braga 1985.

Ders., *A persistência do imperialismo*, Braga 1986.

Ders., *A descolonização portuguesa. As responsabilidades*, Braga 1986.

Franco Nogueira, *Salazar*, 6 Bde., Lissabon.

Saraiva, J. A./V. J. Silva, *O 25 de Abril visto da História*, Lissabon 1976.

Statistisches Bundesamt Wiesbaden (Hrsg.), *Länderkurzberichte* (erscheinen unregelmäßig; bringen aktuelle Daten). U. a. Portugal 1985, Stuttgart/Mainz 1985.

Portugal contemporâneo. Problemas e perspectivas, Lissabon 1986 (Instituto Nacional de Administração).

Eine Fundgrube ausgezeichneter Artikel zur portugiesischen Geschichte, Entdeckungsgeschichte, Geographie, Wirtschafts- und Sozialgeschichte, Emigration, zur Sozialstruktur u. a. m. ist das *Dicionário de História de Portugal* (dirigido por Joël Serrão, 6 Bde., Porto 1985 ff.). – Zu zahlreichen Stichwörtern bilden die Artikel eine Monographie in nuce. Der Herausgeber hat sich alle Mühe gegeben, zu den jeweiligen Themen die besten Fachleute zu gewinnen. Zu beachten ist lediglich, daß die letzten anderthalb Jahrzehnte nicht mehr berücksichtigt sind, daß das Werk die Zeit seiner Entstehungsgeschichte spiegelt und daß die – äußerst reichhaltigen – Literaturangaben zum einen nicht mehr (ganz) aktuell, zum andern teilweise weitgehend auf die portugiesische Literatur (zum jeweiligen Thema) (je nach Verfasser des Artikels!) beschränkt sind. Das Werk atmet einen liberalen, kosmopolitischen und in der portugiesischen Tradition wurzelnden Geist.

152 Auswahlbibliographie

XIV. VOLKSKULTUR – HÖHERE KULTUR – SOZIALSTRUKTUR; DIE PORTUGIESISCHE KULTUR IN IHRER GESCHICHTE UND EIGENART

Cidade, H., *Lições de cultura e literatura portuguesa*, 2 Bde., Coimbra ²1968.

Ders., *Portugal historico-cultural*, Lissabon ²1974.

Ders., *O conceito de poesia como expressão de cultura*. Sua evolução através das literaturas portuguesa e brasileira, Coimbra ²1957.

Prado Coelho, J. do, «O sentido nacional; o Saudosismo», in: *Teixeira de Pascoães, Obras Completas*, Bd. I, Lissabon ²1965.

Dias, J., «Algumas considerações sobre áreas culturais. A área cultural luso-brasileira», in: Ders., *Ensaios etnológicos*, Lissabon 1961 (Junta de Investigação do Ultramar. Centro de Estudos políticos e sociais. Estudos de Ciências Políticas e Sociais Nr. 52).

Ders., «Cultura popular e cultura superior», ebd.

Ders., «Os elementos fundamentais da cultura portuguesa», ebd.

Ders., «Algumas considerações acerca da estrutura social do povo português», ebd.

Ders., «Contactos de cultura», ebd.

Ders., «Tentâmen de fixação das grandes áreas culturais portuguesas», in: *Estudos e Ensaios folclóricos em homenagem a Renato Almeida*, Rio de Janeiro 1960.

Ders., «O caracter nacional português na presente conjuntura», in: *Boletim da Academia Internacional da Cultura Portuguesa* 4 (1968).

Ders., „Folklorismus in Portugal", in: *Zeitschrift für Volkskunde*, München (1969).

Ders., «Estudos de carácter nacional português», in: *Estudos de Antropologia cultural* 7, CEAC (J. I. U.), Lissabon 1971.

Ders., *Diversidade e unidade da cultura portuguesa*, Vortrag 1950 in Stockholm (u. öfter) (unveröffentlichtes Ms.).

Freyre, G., *O mundo que o Português criou – uma cultura ameaçada: a luso-brasileira*, Lissabon s. a.

Ders., *O Luso e o Trópico*, London 1961 (auch frz.: *Le Portugais et les Tropiques*, London 1961).

Giese, W., *Die Kultur Spaniens, Portugals und Iberoamerikas*, Frankfurt a. M. ²1972 (Studienausgabe zur Kulturgeschichte).

Oliveira Marques, A. H. de, *A sociedade medieval portuguesa. Aspectos da vida quotidiana*, Lissabon ³1971.

Oliveira Martins, A., *Historia da civilização ibérica*, Lissabon ⁹1954 (Erstauflage 1879).

Mattoso, J., *Identificação de um país*. Ensaio sobre as origens de Portugal. 1096–1325, 2 Bde., Lissabon 1985.

Ders., *Religião e cultura na Idade Média Portuguesa*, Lissabon 1982.

Ders., *Portugal Medieval. Novas interpretações*, Lissabon 1985.

Saraiva, A. J., *Para a história da cultura em Portugal*, 2 Bde., I: Lissabon ²1962 (Erstauflage 1946), II: Lissabon ²1967 (Erstauflage 1962).

Ders., *História da cultura em Portugal*, 3 Bde., I: Lissabon 1950; II: Lissabon 1955, III: Lissabon 1962.

Ders., *A cultura em Portugal*, 2 Bde., I: Lissabon 1983; II: Lissabon 1984.

Sérgio, A., *Breve interpretação da história de Portugal*, Lissabon 1972.

Ders., «Miudezas de música, de poesia, de cultura e de cinema. I. Sobre a cultura portuguesa», in: Ders., *Ensaios* (= Bd. VII der *Obras Completas*), Lissabon 1974.

Serrão, J., *Temas de cultura portuguesa*, Lissabon 1965.

Leite de Vasconcelos, J., *Etnografia portuguesa*, Bde. I–III, Lissabon 1933–41.

Ders., *Opúsculos*, Bd. VII: *Etnologia* (Teil II), Lissabon 1938.

Ders./M. Viegas Guerreiro, *Etnografia portuguesa*, Bd. IV–VI, Lissabon 1958–75.

Die (mit Abstand) bedeutendsten portugiesischen Ethnologen sind J. LEITE DE VASCONCELOS und J. DIAS. Bei ihnen liest man nach, was man in Portugal unter „Volkskultur" versteht und wie sie in Portugal aussieht bzw. aussah. – Diskussion des Begriffs „Volkskultur" und „Höhere Kultur" bei Dias; sehr kritisch gegenüber der Verwirklichung der „Höheren Kultur" in Portugal: SÉRGIO 1974 (u. a. 1972).

Einen Überblick über „Volks- und Höhere Kultur" Portugals versucht GIESE.

Gestalt und Bedrohung einer als eigenständig (und „besonders wertvoll") gefaßten portugiesisch-brasilianischen („lusitanischen") Welt evoziert FREYRE.

Das historische „Grundbuch" zur Entstehung dessen, was man „Portugal" nennt, ist heute MATTOSO *(Identificação)*: eine glänzende Synthese der portugiesischen mittelalterlichen Welt (Stände, „Weltanschauung", geographisch-historische Voraussetzungen usw., in struktureller Darstellung (dies und Einzelannahmen werden diskutiert). Zum Mittelalter ebenfalls grundlegend: OLIVEIRA MARQUES.

Dem stehen, vor allem vom geistesgeschichtlich-literaturhistorischen Ansatz her (unter Einschluß soziologischer und literatursoziologischer Aspekte), die Aufsätze von A. J. SARAIVA zur Seite, die zum Teil den „großen Portugiesen", zum Teil den „großen portugiesischen Themen" gewidmet sind. Bes. wichtig: *A cultura*, Bd. I (Themen: «A génese da nação portuguesa», «A língua», «As épocas da cultura portuguesa», «A literatura tradicional do povo português»), dann aus *Para a cultura*: «O português e o universalismo».

Im 19. Jh. hat in Portugal niemand so nachhaltig wirkende Gesamtsynthesen geschrieben wie OLIVEIRA MARTINS (vgl. dazu SARAIVA in *Para a cultura*, Bd. I).

VASCONCELOS und DIAS schildern die klassische Struktur und Geistesart des portugiesischen Volkes. Die Grundlagen haben sich in den letzten 20 Jahren entscheidend gewandelt; das ist bei der Beurteilung ihrer Werke zu berücksichtigen.

MARQUES, MATTOSO, SARAIVA (u. a.) schildern und deuten das Entstehen der portugiesischen Welt („Nation").

FREYRE präsentiert diese Welt – in ihrer Endphase – mit kosmopolitischem Kulturanspruch.

OLIVEIRA MARTINS entwirft (die mögliche Zukunft) eine(r) gesamtiberische(n) Welt.

SÉRGIO bildet den „klassischen" Kritiker einer in der Neuzeit nur mangelhaft herausgebildeten Geisteskultur (vgl. S. 17ff.). SARAIVA, PRADO COELHO (u. a.) spüren dem Bleibenden der portugiesischen Welt nach.

Was Portugal war und weitgehend auch heute noch ist, wird in solchen Werken greifbar. Auf die Diskussion in Deutschland hat, soweit ich sehe, kein einziges von ihnen eine Auswirkung.

Zusätzlich sind dann insbesondere heranzuziehen die grundlegenden Arbeiten der «géographie humaine» und die wesentlichen Deutungen Portugals.

XV. DEUTUNGEN PORTUGALS

Allemann, Fr. R., *8 mal Portugal*, München ²1983 (vgl. oben S. 128f.).

Bühl, H., *Wenn Portugal singt*. Rätselhaftes Volk Lusitaniens, Berlin 1957.

Sarsfield Cabral, Fr., *Uma perspectiva sobre Portugal*, Lissabon 1973.

Cortezão, J., *Portugal. A terra e o homem,* Lissabon 1966.

Kuder, M., „Portugal", in: *Das offene Fenster* 11 (1960).

Ders., „Portugiesen", in: *Umgang mit Völkern* 31 (1964) (vgl. dazu von dems. in dem Reiseführer Mai's Weltführer 39 die einschlägigen Kapitel).

Cunha Leão, E., *Ensaio de psicologia portuguesa*, Lissabon 1971.

Ders., *O enigma português*, Lissabon 1973.

Madariaga, S. de, „ Portugiesen", in: Ders., *Porträt Europas*, Stuttgart 1955.

Ders., „Portugal", in: Ders., *Spanien*, Stuttgart ³1979.

Pessoa, F., *Sobre Portugal. Introdução ao problema nacional*, Lissabon 1978 (hrsg. v. J. Serrão).

Ders., *Da República (1910–1935)*, Lissabon 1978 (hrsg. v. J. Serrão).

Quadros, A., *A Ideia de Portugal na literatura portuguesa dos últimos 100 anos*, Guimarães 1989 (Colecção Lusíada).

Sá, Victor de, *Problemas de mentalidade*, Braga ²1957.

Ders., *Sociedade e cultura*, Braga 1958.

Schneider, R., *Iberisches Erbe*, Freiburg 1949.

Ders., Europa und die Seele Portugals, 1957.

Ders., *Portugal*. Ein Reisetagebuch, Frankfurt a. M. Suhrkamp TB 1073.

Ders., *Die silberne Ampel* (Roman) (Fischer TB 424).

Torga, M., *Portugal,* Coimbra ²1967.

Torres, Fl., *Portugal*. Uma perspectiva da sua história, Porto 1970.

Unamuno, M. de, *Por tierras de Portugal y España,* Madrid 1911.

Romanhaft: Bloom, M., *Der Mann, der Portugal stahl*, Reinbek b. Hamburg 1973. Dazu die auf S. 129 angegebene Anthologie *Portugal. A Terra e o Homem*.

All diese Deutungen des Landes sind natürlich vor dem Hintergrund ihrer
Zeit zu sehen. – In Deutschland ist die Deutung REINHOLD SCHNEIDERS am be-
kanntesten geworden. Sie ist zu sehen vor dem Hintergrund des Zweiten Welt-
kriegs und der Nazizeit, der Konzeption, die R. Schneider von Spanien *und*
Portugal und ihrer Funktion innerhalb des europäischen Geschichtsverlaufs
hatte, und nicht zuletzt seiner Persönlichkeit. Seine Deutung bringt sehr tief-
sinnige Gesichtspunkte, trifft den Portugiesen aber in ganz entscheidenden
Punkten nicht. – Vorsichtig: KUDER. – Faszinierend, aber einseitig: MA-
DARIAGA. – Sehr tiefgreifend und anregend: PESSOA. Er gibt einen Portugal-
Mythos, d. h. den Versuch einer Sinnstiftung, in der Vergangenheit, Gegenwart, Zukunft und Poesie/Fiktion und Realität konzeptionell *eine* (höhere)
Realität bilden (sollen). – QUADROS: sehr konservative Grundhaltung; äußerst
durchdachter und feinsinniger Durch- und Überblick; größte Belesenheit;
prägnante Motiv- und Themenverkettung (etwa zur *saudade*). Weniger Aufge-
schlossenheit für die „Ambivalenz der Moderne". (Die *Colecção Lusíada* will
mit diesem Buch eine aktuelle Auseinandersetzung mit der portugiesischen
Sprache und Kultur heute einleiten). – CUNHA LEÃO 1973 sieht Portugal als ge-
glückte „lusisch-galicische Polarität" („Galicier"/Kelten im Norden, bis zum
Douro; Verbindung und doch Unterschiede zum heutigen Galicien; Lusitanier
vom Douro nach Süden; „Galicier": gefühlsbetont, *saudade*, Phantasie, poe-
tisch, feinsinnig-nuanciert, Naturnähe . . .; Lusitanier: praktischer, politischer,
große Kämpfer, juristisch und verwaltungstechnisch begabt . . .; beide zueinander hingeordnet); sehr nuancierte Verarbeitung reichhaltiger Literatur;
umfassender Einordnungsversuch Portugals in die Halbinsel und sehr spezifische Konfrontation mit den Kastiliern, Katalanen, Andalusiern, Basken,
Asturiern.

Von allen Deutungen scheint mir die des Dichters MIGUEL TORGA die „kon-
kret-nuancierteste": er geht nicht primär von der Geschichte und ihren Leitge-
danken und Entwicklungslinien, nicht primär von Kunstwerken u. ä. aus, sondern von dem portugiesischen Menschen (der verschiedenen Provinzen), wie
er ihn jahrzehntelang (als Dichter und als Arzt) beobachtet, beschrieben, gedeutet hatte; die Darstellung tastet sich an die Menschen der einzelnen Provinzen heran und läßt dann plötzlich – nicht selten zwischen den Zeilen –
Wesentliches aufleuchten. (Die Lektüre arbeitet nicht selten mit Anspie-
lungen; sie setzt eine genaue Kenntnis des Landes voraus, „Gespräch unter
‚Insidern'").

Diese Deutungen sind mit den grundlegenden Arbeiten zur portugiesischen Kultur, Literatur, Geschichte und Kunst zu „konfrontieren". Erst vor
diesem Hintergrund ist das mehr oder weniger geronnene, im Kern nicht
selten auf ein, zwei Dutzend Topoi reduzierte Portugalbild abzugrenzen, das
sich in den (meisten) Bildbänden, vielen Reiseführern und auch zahlreichen
anderen Darstellungen Portugals in Deutschland findet – sosehr aber
gerade die Reiseführer in den letzten Jahren an Qualität und Informations-
gehalt gewonnen haben. Erst vor diesem Hintergrund schließlich läßt sich
die Frage nach den Wandlungen des Landes heute sinnvoll stellen, die Frage

auch, wie der Übergang aussieht, den ein Land, das wie wenige andere eine „alt-europäische" Kultur bis in die jüngste Zeit bewahrt hatte, in die „mitteleuropäisch-atlantische" Moderne vollzieht. Die üblichen an wirtschaftlich-politischen Fragestellungen orientierten Interpretationsbemühungen greifen hier zu kurz.